FACULTÉ DE DROIT DE PARIS

DU
LOUAGE DE SERVICES

EN DROIT ROMAIN ET EN DROIT FRANÇAIS

THÈSE POUR LE DOCTORAT

PAR

Eugène BOUILLARD

Avocat à la Cour d'appel

Lauréat des concours de la Faculté catholique de droit de Paris

PARIS

IMPRIMERIE MOQUET

15, RUE DES FOSSÉS-SAINT-JACQUES, 15

1898

DU
LOUAGE DE SERVICES

EN DROIT ROMAIN ET EN DROIT FRANÇAIS

THÈSE POUR LE DOCTORAT

Soutenue le Mercredi 16 Mai 1888, à midi

PAR

Eugène BOULARD

Avocat à la Cour d'appel.
Lauréat des concours de la Faculté catholique de droit de Paris.

Président : M. GLASSON, Professeur

SUFFRAGANTS { MM. DEMANTE
CAUWÈS
LAINÉ } PROFESSEURS

PARIS

IMPRIMERIE MOQUET
11, RUE DES FOSSÉS-SAINT-JACQUES, 11
1888

A MES PARENTS

DROIT ROMAIN

DU LOUAGE DE SERVICES

AVERTISSEMENT

Dans cette étude en droit romain, nous examinerons non seulement le louage de services mais aussi
le louage d'industrie. Nous sommes amené à les
réunir parce que l'objet que nous nous sommes proposé est l'examen du travail libre dans ses rapports
avec le droit, et que la *locatio conductio operarum* prise
dans son sens restreint n'est pas un champ d'investi-
gation assez vaste. L'homme libre, à Rome, était plutôt
entrepreneur qu'ouvrier. Ceux qui louaient leurs services, en petit nombre, étaient confondus avec les
esclaves dont ils partageaient la condition au point de
se dire leurs *sodales*.

A l'exemple de certains auteurs (1), nous avons donc donné au mot *locatio operarum* un sens générique afin de présenter une étude plus complète des conditions juridiques du travail libre à Rome.

(1) C. Maynz, *Cours de dr. rom.*, II, § 218.

CHAPITRE PREMIER

PRATIQUE DU LOUAGE D'OUVRAGE

Rome, à son origine, eut peu d'esclaves. Les mœurs étaient simples chez un peuple laboureur et, devant la nécessité de peupler et agrandir la ville nouvelle, les premiers vaincus ne furent point réduits en esclavage (1).

Quelle était alors sous la royauté la condition du travail, et sous quelle forme faisait-il l'objet d'un échange juridique, on ne le sait au juste. Assurément tous les métiers durent être exercés par des hommes libres, à de très rares exceptions ; dès le début on voit des citoyens pauvres, se réunir en corporations ou collèges, dont Numa ne fit que reconnaître l'existence légale. C'étaient tous les ouvriers dont le métier ne pouvait rentrer dans le travail de la famille, habituée à se suffire à elle-même. Le nombre des collèges ira sans cesse en augmentant, à mesure que le dévelop-

____

(1) Ils durent composer la *plebs*.

pement de la richesse amènera la division du travail, jusqu'au jour où l'esclavage envahissant mettra entre les mains du riche un capital humain tellement productif que le citoyen pauvre, lassé d'une lutte inutile, cherchera dans la politique ses moyens d'existence.

Les premiers, dont Plutarque nous a conservé la liste, sont les orfèvres, les charpentiers, les teinturiers, les bourreliers ou cordonniers, les corroyeurs, les ouvriers en airain et les joueurs d'instruments. Ce nombre de huit alla s'augmentant par la suite, et le droit d'association des ouvriers reçut une consécration de la loi des Douze Tables elle-même (1). C'est ainsi que nous voyons plus tard paraître une corporation de boulangers.

Il serait difficile de préciser exactement la composition des collèges, de dire s'ils étaient des corporations de chefs d'ateliers ou d'ouvriers exclusivement. Ce qu'on peut dire, c'est que ceux qui louaient leurs services, les ouvriers, durent y figurer. On n'en peut douter, si on considère le mépris dans lequel ces collèges furent toujours tenus, et la méfiance que leur témoignèrent constamment les pouvoirs publics. Ces corporations ne tiennent aucune place dans l'organisation politique de Servius Tullius; les membres qui les composent sont relégués parmi la foule non classée des *proletarii*, des hommes qui n'ont rien et par

____

(1) Gaius, 4, D., *De Coll. et Corp.*, XLVII, 22.

conséquent ne doivent jamais voter. Une exception est
faite pour les corporations des charpentiers et des ouvriers en airain, en raison de leur utilité à la guerre (1).
Elle fait ressortir encore la condition des autres dont
on n'a pas voulu utiliser l'organisation, et qu'on range
dans la foule méprisée des gens au travail servile, qui
n'a pas l'honneur de porter les armes. Pour qu'on les
appelle il faut que Rome soit en danger : « Au bruit
« qui éclate que les Gaulois s'agitent, à cette fatale
« nouvelle, souci constant du Sénat…, tout le monde
« est enrôlé, le bas peuple et les ouvriers sédentai-
« res » (Tite-Live, VIII, 20). Nous retrouverons les
ouvriers dans les collèges à la fin de la République.

Durant toute cette période qui va de la chute des
rois à l'établissement définitif du christianisme, les
deux branches du louage d'ouvrage, la *locatio conductio operis* et la *locatio conductio operarum* durent suivre
une fortune diverse. Le nombre des esclaves sans cesse
augmentant n'était pas un obstacle à la *locatio operis*,
il la facilitait même en outillant l'entrepreneur. L'ouvrier libre, au contraire, subissait une concurrence
chaque jour plus redoutable et l'enrichissement de la
République ne faisait qu'accroître son malaise. Aussi
trouve-t-on peu d'ouvriers libres. L'État lui-même a
des esclaves et les emploie aux travaux inférieurs de
la voirie, des bains, des égouts. Ils sont non seulement

(1) Tite-Live, I, 43.

employés à éteindre les incendies (Paul, D.. 1, I, 15),
bourreaux (*carnifices et tortores*), mais ils sont préposés au service des eaux, à l'*ærarium*, à la bibliothè-
que urbaine, etc. (1), et on les voit attachés aux divers
sacerdoces, aux collèges, assister les magistrats qui
les emploient comme huissiers et messagers. Ils avaient
pénétré jusque dans les édifices publics, dans les tem-
ples; mais d'assez bonne heure, nous dit Varron (2),
on leur préféra les hommes libres pour ces postes de
confiance. Quelques places, en effet, sont encore ré-
servées aux citoyens pauvres; celles des *apparitores*.
L'*apparitor* est l'assistant du magistrat, celui qui le
sert dans l'exercice de sa fonction (*qui ei apparet*). Les
textes le nomment aussi *officialis*. C'est un homme
libre qui engage ses services, qui ne reçoit plus comme
l'esclave une simple pitance (*cibaria annua*) mais une
merces (3) payée par l'*ærarium*. A vrai dire elle n'est
pas forte et l'homme reste un pauvre diable : *tuus apparitor parva mercede populi conductus* (4). Chaque magistrat entrant en fonctions présentait la liste de ses
apparitores et le collège auquel il appartenait les nom-
mait. Ces fonctions ont la durée de celles du magistrat,
puis deviennent à vie. Cependant, il s'agit plutôt d'un
usage que d'un droit. Les *apparitores* peuvent se reti-

(1) Frontin, 98.
(2) *De re rus.*, 1, 2, 1, c. 69, 2.
(3) Nepos, *Eumen.*, I.
(4) Cicér., *Verr.*, III, 78, 182.

rer et être congédiés au gré du magistrat. Ils sont du reste attachés à toutes les magistratures, depuis celle des consuls jusqu'aux fonctions des *IV viri viarum curandarum*, et leurs fonctions aussi sont variées. Les uns, *scribæ*, sont attachés aux magistrats et aux pontifes en qualité de secrétaires ou greffiers. On les emploie encore à l'*ærarium*, à la comptabilité publique.

Dans son sens le plus large, le mot *apparitor* comprenait tous les serviteurs des magistrats moins les *servi publici*, c'est-à-dire cinq classes de personnes (1) : les *scribæ*, les *accensi*, les *lictores*, les *viatores*, les *præcones*. Dans un sens plus restreint, le nom d'*apparitor* ne comprend (2) ni les *scribæ*, ni les *lictores*. Nous avons pris, avec Becker (*Roem. Alterth.*, II, 2, p. 370), le premier sens qui semble plus exact, puisque les scribes et les licteurs eux-mêmes prêtent leurs soins aux magistrats (*apparent magistratibus*).

Les *apparitores* se recrutaient fréquemment parmi les affranchis (3). Rien ne s'opposait à ce qu'ils fussent ingénus, pourvu qu'ils appartinssent à la classe plé-

(1) Cic., *Verr.*, III, 66, 78. — Frontin, *De aq.*, 100. — Cicéron semble y ajouter les *architecti*, *de leg. agr.*, II, 13 ; mais ceux-ci n'étaient employés que dans des cas particuliers.

(2) Val.-Max., VII, 3, 9. — Suét., *Domit.*, 14. — Cic., *Verr.*, III, 66. — Plut., *Cat. min.*, 16.

(3) Tacit., *Ann.*, XIII, 27. — Cic., *P. Quint.*, 3. — Dans les guerres civiles on vit des esclaves employés comme appariteurs, abus proscrit par un édit de l'an 716 de Rome.

béienne. Les *scribæ* étaient les plus considérés et tenaient même un rang honorable (1) : déjà la loi célèbre de *XX quæstoribus* ou *lex Cornelia de scribis, viatoribus et præconibus*, au temps de Sylla (673 *urb. cond.*) prescrivait de prendre les *viatores* et les *præcones* parmi les citoyens romains, ce qui peut s'appliquer à des affranchis.

Chacune des cinq classes constituait une corporation (*corpus*); elle se divisait en décuries (*decuria*) qui tiraient leur nom du magistrat près duquel elles pouvaient exercer leurs fonctions : *viatores consulares, ædilicii, tribunitii*. Les consuls ou d'ordinaire chaque magistrat, choisissaient les appariteurs au sein de cette décurie. Elus pour un an, ils étaient habituellement renommés, en sorte que leur emploi pouvait être considéré comme indéfini. Même celui qui avait été choisi par un magistrat pouvait lui faire agréer un remplaçant (*vicarius*), et comme la place était lucrative, on en fit bientôt un office que le titulaire vendait (*comparare decuriam vel scriptum*). Chaque décurie avait ses chefs appelés *magistri* ou, à raison de leur nombre, *sexprimi* ou *decemprimi*.

Sous l'empire, les magistratures d'origine républicaine conservèrent leurs appariteurs jugés nécessaires à leur éclat. Il y eut pour le service des magistrats su-

___

(1) La considération des appariteurs tendit à s'accroître. Cic., *Verr.*, III, 66, 80; *In Cat.*, IV, 7.

périeurs trois décuries de licteurs, une pour les consuls et deux pour les préteurs, la *decuria lictoria consu-
laris* servant également à l'empereur. Les mêmes magistrats avaient en outre des huissiers ou *viatores* et
des *præcones* ou crieurs. De même pour les censeurs.
Les questeurs urbains eurent à leur service, tant qu'ils
conservèrent l'administration de l'*ærarium*, trois décuries de *scribæ quæstorii* et une décurie de *viatores* et de
præcones. On les retrouvait près des édiles curules (1),
sauf les *viatores*. De même auprès des tribuns du
peuple. — Les magistrats supérieurs avaient aussi des
accensi (2).

Les corporations d'appariteurs avaient leur place marquée dans les cérémonies et processions publiques (3).

Le reste de la plèbe en était réduit à exiger de temps
en temps du Sénat des fondations de colonies ou à
travailler avec les esclaves. C'est ce que fit Plaute
ruiné. Il tourna, paraît-il, la meule en leur compagnie
et composa, en ce faisant, trois comédies qui doivent
à l'infortune de leur auteur une vive peinture du travail
servile. Une inscription nous en montre dans les ate-

(1) Les édiles plébéiens en avaient peut-être. V. Mommsen, p. 38 et 47.

(2) Il y avait aussi des *nomenculatores*, mais qui étaient des
employés privés et non des appariteurs. V. Mommsen, p. 3,
conf. L. 7, § 5, D., XXXVIII, 1; 44, § 2, D., XL, 12.

(3) Sous le Bas-Empire, les employés du palais, et à la
suite les bureaux des magistrats furent organisés militaire-
ment en compagnies (*scolæ*).

liers des cardeurs de laine. La condition de ces hommes libres est assez misérable pour qu'ils s'appellent eux-mêmes les *sodales* des esclaves (1). Encore devait-on peu les rechercher car ils coûtaient davantage.

Depuis la ruine de Carthage, Rome est encombrée de vaincus vendus à vil prix. Tout le monde en a, le riche et même le pauvre, aussi est-on vraiment embarrassé pour découvrir des ouvriers libres. Comme serviteurs il n'y faut pas songer, l'esclave fait tout à la maison. L'un dégrossit le lin et la laine dont il fait l'étoffe et l'habit. D'autres vont à la chasse; à la pêche pour le compte du maître, tandis que les plus heureux demeurant à la maison, lui conféctionnent des objets d'art ou n'ont pour mission que de prévoir ses désirs. Ils sont une richesse qu'on n'a garde de négliger. On leur donne des maîtres qui leur enseignent la médecine, les belles-lettres, toutes connaissances dont le maître profite au besoin, en louant son esclave (2).

Un homme heureux de sa médiocrité, comme Horace, en veut trois pour assister à son repas et sait qu'ils sont nombreux dans son petit domaine de Tibur (3). Quant à l'homme riche, il en a tant qu'il les enrôle par décuries et ne sait pas leurs noms. Pour n'en avoir qu'un il faut être un misérable, comme ce

(1) Orelli, 426 7°.
(2) Paul, D., l. 1, XXV, 6.
(3) *Sat. I*, VI, 116, *Sat. II*, VIII, 18.

Novélus que fait parler Juvénal. Novélus qui a servi de
jouet aux passions des riches se plaint d'être celui de
la destinée. Il est mal vêtu, doit son terme, et n'a qu'un
esclave qu'il ne sait encore comment nourrir. Cependant il atteint l'âge où un second est indispensable. Il
tend la main. Ah ! ce qui lui manque est peu de chose.
Il rêve d'avoir 20,000 sesterces (1) placés sur bons
gages et deux autres esclaves graveurs et statuaires (2).
Voilà le nécessaire, pas la richesse assurément ! Il
resterait pauvre.

> . . . *sufficiunt hæc,*
> *Quando ego pauper ero. Votum miserabile !*
> (JUVÉN., *Sat. IX*).

Cela est si vrai que pour aller au cirque, il sera
encore obligé de louer les épaules de deux Mésiens.

Pour cela du moins s'adressera-t-il au travail libre ?
Pas davantage ! Ces Mésiens dont parle le poète, ne
devaient pas être des bailleurs de services, mais plutôt
une *res locata ;* quelque maître en tirait parti. Ne les
avait-il pas achetés dans ce but ! Dans l'*Aulularia*,
l'avare qui veut marier sa fille loue pour la fête un

---

(1) 2,000 francs environ.

(2) Les Romains avaient un véritable engouement pour les
objets d'art fabriqués par ces esclaves venus de la Grèce.
C'était devenu un besoin, une véritable passion. On le voit
par ce Novélus, qui considère ces esclaves comme de première nécessité.

esclave cuisinier. Plaute nous dit qu'on les loue tous depuis les boulangers jusqu'aux filles destinées au plaisir (1). Sans cela Crassus n'en aurait pas tant. Il en tient cinq cents à la disposition de ceux qui veulent bâtir. Il en est de même pour les autres professions « vel pistorias, vel histrionicas, *vel alias similes* » (Ulpien, D., 73, § 3, XXXII, 3).

Que peut faire l'ouvrier libre ? Lutter, c'est impossible. Il y a trop de différence entre le prix de revient du travail libre et celui du travail servile (2). Ceux qui trouvent à placer leurs services sont des parasites, ceux qui cherchent à spéculer les passions des autres, comme Novélus (3). Ou bien encore ceux qui vivent aux dépens de la vanité ! Des femmes pour aller au cirque veulent, quoique pauvres, avoir un brillant cortège, aussi louent-elles tout, depuis leur toilette jusqu'aux amies qui les entourent.

(1) *Aulularia*, etc..... Ulpien, 5, § 7, D., XIII, 6. On a retrouvé l'inscription d'un tombeau élevé à un compagnon de travail par Alypius et Symbolus, *ouvriers* de M. Albius Pollio, *esclaves* de C. Domitius (Orelli, 5042), 73, § 3, XXXII, 3.

(2) Il semble résulter d'un mot de Sénèque que de son temps le salaire d'un manœuvre était d'environ 12 as par jour (*Pro Roscio,* 10), tandis que Sénèque nous apprend qu'on ne donnait aux esclaves, pour leur entretien par mois, que 5 boisseaux de blé et 6 deniers (*Ep.* 80).

(3) Conf. 7, § 5, D., XXXVIII, 1 ; 44, § 2, XL, 12.

Ut spectet ludos, conducit symbria vestem,
Conducit concites, sellacu, cervical, *amicas*.

(JUVÉNAL, *Sat. VI*).

Les corporations sont bien encore debout. Mais à quoi servent-elles ? s'il fût de toutes comme de celle des boulangers, ce n'est assurément pas chez elles que nous trouverons des ouvriers libres. Les esclaves *pistores* parcourent la ville pour vendre le pain au profit de riches patriciens (1). Du reste nous sommes édifiés sur le rôle des corporations par Cicéron lui-même. Tantôt il les flatte, tantôt il s'élève contre elles. C'est que leur rôle est devenu tout politique ; par leur moyen, le peuple s'est organisé, le *plebiscitum* a triomphé de la *lex*. La plèbe a su qu'elle était souveraine, et puisqu'elle possède encore quelque chose dont elle puisse tirer parti, elle vend son vote. Quand le scrutin a été favorable au grand orateur, il n'est pas d'éloges que ne méritent les corporations (*Pro domo sua*, 28). Dans le cas contraire, il déclare avec douleur qu'on y a fait entrer des esclaves. « *Servos simultatione collegiorum nominatim esse conscriptos* (2). » Elles ne sont donc plus un refuge pour les citoyens.

Ceux-ci n'ont qu'une ressource, aller comme Plaute travailler avec les esclaves, au risque d'être retenus

(1) Conf. 73, § 3, XXXII, 3.
(2) *Pro red. in senatu*, 13.

prisonniers dans les *ergastula* et de subir les mêmes mauvais traitements. Cela n'est point tentant. Il vaut mieux se croiser les bras et faire de la politique. Par elle la plèbe exigera d'être amusée et nourrie. On l'a déjà fait sous la République, l'Empire ne subsistera qu'en continuant.

Voilà le tableau de Rome. Dans les campagnes la situation est quelque peu meilleure. Caton nous dit que de son temps on employait encore des hommes libres pour la culture de la vigne et de l'olivier (1). C'est beaucoup, car à cette époque le labourage a disparu de l'Italie ou à peu près, et tout ce qui n'est pas en prairies est voué à ce genre de culture. On emploie l'homme libre parce que son travail est préférable à celui de l'esclave, mais c'est ce dernier qui a la confiance du maître et qui surveille. Nous voyons aussi des charpentiers libres, avec leurs *adjutores*, peut-être libres aussi. Est-ce un reste des corporations? — Deux siècles plus tard ces ouvriers agricoles seront moins nombreux; Varron ne nous parle plus guère que du travail des esclaves. Les hommes libres n'étaient employés que pour les travaux accidentels, tels que la fenaison, la vendange, pour lesquels les esclaves n'étaient momentanément pas assez nombreux (2);

(1) *De re rust.*, 4.

(2) Encore Varron nous apprend que pour ces travaux des ouvriers accouraient des provinces avoisinantes, même d'Egypte (*De lingua latina*, I, 17).

ou bien encore pour les gros ouvrages et la culture des lieux insalubres (1).

Aussi l'Italie se dépeuple. Entre la première et la deuxième guerre punique, les Romains, craignant une invasion des Gaulois, firent le calcul de leurs forces et de celles de leurs alliés. Ce recensement leur donna 770,000 hommes en état de porter les armes (2), pour un territoire se rapportant environ au tiers de l'Italie et quand en 683, cent cinquante-quatre ans après, les censeurs Lentulus et Gellius recommencèrent, ils ne trouvèrent plus que 450,000 citoyens de dix-sept à soixante ans. Le mouvement ne fait que s'accentuer. Du temps de Sylla la population libre était tellement amoindrie qu'il fût obligé pour recruter l'ordre des plébéiens d'y introduire 10,000 jeunes et vigoureux esclaves enlevés aux proscrits (3). César aussi essaie d'y remédier : il ordonne aux herbagers d'avoir parmi leurs pâtres un tiers d'hommes libres (4). Tout cela fut aussi impuissant que les lois caducaires. Si les riches repoussent l'embarras des enfants, les pauvres s'en évitent le souci.

Cette situation se prolonge jusqu'au Bas-Empire. Ce qu'il reste d'hommes libres, assimilé aux esclaves vit

(1) Varron, *Re rust.*, 21.
(2) Polybe, II, 24, 25.
(3) Dureau de la Malle, *Economie politique des Romains*, I, p. 233; II, p. 77.
(4) Suétone, *Vie de J. Cæsar*, 42.

avec eux et s'associe avec eux dans des collèges funé-
raires (1). Ce sont ceux des Romains qui ont encore du
courage (2), mais qui ne sont pas moins méprisés. Un
jour que Claude comme grand-pontife offre un sacri-
fice expiatoire, il ordonne de faire retirer la foule des
ouvriers et des esclaves : « *Summota operariorum
servorum que turba* (3). »

Au Bas-Empire le travail devient forcé (4). Les
ouvriers sont attachés héréditairement à leur travail
comme les *apparitores* à leur charge et les colons à la
terre. C'est une nouvelle servitude s'étendant aux
hommes libres. Le but est d'approvisionner Rome (5).

Le louage d'industrie eut une fortune meilleure.
L'esclavage ne devait pas être pour lui un obstacle,
mais plutôt un secours, puisqu'il mettait entre les mains
des entrepreneurs un outillage intelligent. Aussi semble-t-il avoir été pratiqué de tous temps dans une très
large mesure. Dès le début de la République nous
voyons les censeurs donner à ferme les fournitures et

(1) Orelli, 2394.
(2) Ils méritèrent de devenir les premiers chrétiens.
(3) Suétone, *Claude*, 22.
(4) Alexandre Sévère exigea le travail des hommes libres.
Il établit à Rome un grand nombre de manufactures. « Me-
chanica opera Romæ plurima instituit. » (Lamp., *Alex. Sev.*,
21, 32).
(5) Les corporations que nous rencontrons à cette époque
sont surtout celles des nautonniers, débardeurs, meuniers,
boulangers, bouchers, etc.

les conr tructions au profit de l'État (1). Horace nous
dit que de son temps :

> *Pars hominum gestiion conducere publica...*
> *(Epist. I, 1.)*

Tout était affermé, les impôts, les taxes, les constructions. Juvénal le constate. « Certaines gens, dit-
il, que l'on voit étaler un grand luxe, ont l'entreprise
de la construction ou de la réparation d'un édifice public. Il ne leur répugne pas de prendre à bail le service de la navigation, l'octroi des ports, le curage des
égouts, les cérémonies funèbres, et même le curage
des fosses d'aisance. » *(Sat. III)* (2).

Tous les citoyens peuvent être entrepreneurs. Ce
n'est pas un travail servile comme de louer son temps.
Apollon a bien pris à forfait la construction des murs de
Troie (3). Les entrepreneurs de constructions sont
appelés *redemptores* (4), ce qui nous montre que long-

----

(1) V. Mommsen, *Droit public romain*, I, p. 271.

(2) Ce qui lui fait dire dans la *Satire XIV* :

> *..... Lucri bonus est odor ex re*
> *Qualibet.....*

(3) Ovide, *Métam.*, II, 8.

(4) Ils passaient même pour trompeurs, car, au dire de
Martial, l'instrument dont on se servait pour mesurer leur
ouvrage accusait souvent de la fraude de leur part :

> *Puncta notis ilex, et accrta cuspide clausta,*
> *Sæpe redemptoris prodere furta solet (XIV, 92).*

V. aussi 60, § 3, D., *Loc. cond.*, 3, § 11, L. 8.

temps les Romains ne durent pas nettement dégager le louage d'industrie de la vente.

Ce contrat devait être, à Rome, d'un usage quotidien. Plaute nous montre un chef d'esclaves qui demande à l'un de ses *co-servi* si l'on est venu payer le prix d'un charriage d'huile.

..,.. « Ecquis pro vertura olivi resolvit? — Resolvit. » (*Aulularia*.)

Non seulement les citoyens, mais les esclaves chargés d'administrer la maison du maître ou un pécule devaient pratiquer la *locatio operis*. Ils pouvaient traiter comme *locator* ou *conductor operis* en empruntant la capacité de leur maître. Des actions *locati* ou *conducti utiles* indemnisaient le tiers totalement ou, si l'esclave avait excédé ses pouvoirs, dans les limites du pécule ou de l'enrichissement du maître.

CHAPITRE II

DÉFINITION. — ÉTYMOLOGIE

Le louage est un contrat consensuel et synallagmatique qui a pour objet l'échange du travail contre une
somme d'argent déterminée, appelée *merces*. Selon la
manière dont la *res* ou objet du contrat est fournie, il
affecte la forme d'un louage de services ou d'un louage
d'industrie : *locatio conductio operarum, locatio conductio operis conficiendi.*

Dans chaque cas une personne s'engage à faire bé-
néficier une autre de son travail moyennant un prix
déterminé à l'avance; mais, ce qui est caractéristique,
dans le premier le salaire est payé *au temps*, le maître
prenant l'entreprise du travail de l'ouvrier dont il se
charge de tirer profit, tandis que dans le second le
salaire est payé à la *tâche*, l'ouvrier exploite lui-même
son travail, le dirige et en tire le profit qu'il peut en
raison du temps qu'il consacre et de l'argent qu'il reçoit.

L'un vend son temps et l'autre le résultat de son travail.

La *locatio operarum*, dans laquelle la liberté n'est pas aliénée, cadrait d'une manière exacte avec le louage de choses. La partie qui promettait ses services, le bailleur, se confiait, se livrait pour ainsi dire à l'autre partie qui disposait d'elle. Il y avait bien le placement qu'implique la *locatio rei* (*locare*), et le maître avait en quelque sorte le droit de jouissance du *conductor rei* (*frui*). D'un autre côté le preneur n'était tenu que d'une seule obligation, payer la *merces* convenue. Aussi distingua-t-on facilement le rôle de chacune des parties, et l'expression juridique qui servit à les distinguer, fût-elle en harmonie complète avec lui (1). Celui qui engageait ses services, dont l'obligation avait pour objet la *res* qui est la caractéristique du louage de choses, fut appelé *locator*. L'autre partie, débitrice du prix, fut appelée *conductor*. Son obligation n'était-elle pas la même encore et son droit n'était-il pas identique à celui du *conductor rei : secum ducere*.

Il semble que la même analyse eût dû amener les Romains à donner dans le louage d'industrie aux différentes parties une dénomination adéquate à leur rôle réel. Ce contrat est semblable au précédent par sa forme et la nature de son objet; il est synallagmatique, consensuel et consiste dans la prestation du travail de

____

(1) 38 pr., **D.**, XIX, 2, *Loc. cond.*

l'homme, moyennant un prix. La seule différence est accidentelle puisqu'elle consiste dans la manière dont le travail est fourni. Il convenait donc d'appeler l'ouvrier *locator* et de donner au maître qui, comme dans la *locatio operarum*, n'est débiteur que du prix, le nom de *conductor*.

Les Romains ne l'ont pas fait. Ce fut au contraire le débiteur du prix, créancier du travail, qui reçut le nom de *locator* et l'ouvrier bailleur de son travail qui fut appelé *conductor*. Il y a là une inexactitude que les Romains eussent évitée s'ils avaient vu dans l'obligation de payer la *merces*, l'objet du contrat. Alors, tout naturellement et par imitation des *locationes rei et operarum*, ils eussent donné le nom de *conductor* et l'action *conducti* au maître. Mais c'eût été s'attacher à un objet qui n'est véritablement pas dans le contrat le caractéristique, puisque l'obligation de payer le prix est commune à d'autres. On conçoit donc qu'elle n'ait pas servi de base à l'analyse de la convention.

L'objet à considérer, le véritable du reste, était alors celui de l'obligation correspondante ; les Romains n'ont pas su en définir exactement le caractère : de là leur terminologie inexacte.

Cette erreur, qui, nous le verrons, a été évitée par les jurisconsultes de l'époque classique, remonte à l'origine du contrat. Pour obtenir du préteur la sanction de cette convention, l'action *locati* étendue par analogie, on chercha à constituer une hypothèse sem-

blable à celle de la *locatio rei*. Il fallait alors trouver
dans l'obligation d'une des parties un objet semblable
à celui de l'obligation du *locator* dans le louage de
choses : *frui licere, locare.*

Il était aussi dans celle de l'ouvrier qui, dans le
louage d'industrie, procure aussi au maître la jouissance de son travail, mais il était difficile aux premiers
Romains de le voir. Il eût fallu pour cela un effort
trop considérable pour leur esprit positif, il eût fallu
considérer le travail en lui-même, abstraction de l'objet dans lequel il se réalisait. Un premier pas avait été
fait qui avait donné naissance à la *locatio operarum,*
mais la tâche était plus facile puisque le travail de
l'ouvrier, envisagé séparément de l'objet sur lequel il
devait porter, était encore réalisé dans sa propre personne mise à la disposition du maître, *locata.* Et cependant là encore l'abstraction ne fut pas complète puisque jusqu'à la fin, certains services professionnels qui
devaient être appréciés uniquement en eux-mêmes,
ne purent faire l'objet du louage. Dans le louage
d'industrie il fallait considérer le travail de l'ouvrier en lui-même, en dehors de toute chose con-
crète. Le maître, en effet, n'a pas la jouissance de la
personne mais de la série d'efforts dont il doit profiter.
Les Romains ne le virent pas. Dans leur pensée le travail, objet de l'obligation de l'ouvrier, se confondit
avec la chose sur laquelle il devait porter, et ils le virent débiteur d'un résultat bien plus que du tra-

vail (1). Dès lors, il n'y avait plus de place pour l'obligation de faire jouir. Ils se tournèrent donc de l'autre côté, vers l'obligation du maître. On vit que celui-ci non seulement s'engageait comme dans la *locatio rei*, à opérer la livraison d'une chose (analogie de forme qui, selon M. Accarias, fut déterminante), mais en outre qu'il livrait à l'ouvrier une entreprise (*locabat*), un travail qu'il était chargé de conduire et d'exploiter, tout comme le *conductor rei* exploite la chose dont il a la jouissance (2). Enfin cette chose que le maître avait confiée devait lui revenir et il fallait que l'action donnée en assurât la restitution, or n'était-ce point l'action *locati* qui dans le louage de choses assurait cette restitution (3). Le maître fut appelé *locator*.

L'usage avait été si puissant que le jurisconsulte Paul nous définit encore le louage d'industrie par l'idée d'entreprise confiée par le maître : *Quotiens autem faciendum aliquid datur, locatio est* (L. 22, § 1, D., XIX, 2). Ce n'est pas qu'il n'eût fait une analyse exacte

(1) D'autant plus que le *conductor operis* peut, pour l'exécution du travail, recourir à des ouvriers.

(2) 48 pr., D., XIX, 2.

(3) On peut objecter que l'analogie n'est pas complète entre l'action *locati* dans la *locatio rei* et dans la *locatio operis*, puisqu'elle ne tend pas au payement de la *merces* dans ce dernier cas. C'est vrai ! Mais l'action *conducti* dans la *locatio operis* devait être d'un usage peu fréquent, le maître avançant souvent à l'artisan la somme convenue pour l'exécution du travail (V. la loi 13, § 6 ; 60, § 4, D., *Loc. cond.*, XIX, 2).

de ce contrat; nous le voyons dans le paragraphe suivant :

« Cum insulam ædificandam loco, ut sua impensa
« conductor omnia faciat, proprietatem quidem eorum
« ad me transfert et tamen locatio est : *locat enim*
« *artifex operam suam, id est faciendi necessitatem* »
(§ 2).

Comme ce texte le montre, le langage seul était resté vicieux.

Mommsen (1) présente une explication historique de la terminologie romaine. Les censeurs, nous dit-il, affermaient les biens de l'Etat moyennant une somme à payer; pour les affermer, ils les proposaient, prenant ainsi une initiative qui valut à l'Etat le nom de *locator*; car *locare*, dans le langage romain, implique cette idée d'initiative. Or, ces mêmes censeurs étaient aussi chargés de la conclusion des marchés et du recrutement des agents salariés des magistrats, les *apparitores*. Pour la conclusion des marchés, le magistrat cherchait quelqu'un qui acceptât le placement de l'entreprise; on l'appela donc, en conséquence, *locator*. A l'égard des *apparitores*, il n'en était plus de même; car « ce sont ici les candidats aux postes d'*apparitores* « qui cherchent à placer leurs services » (*locare operas*).

De son côté, le magistrat fait choix parmi ces candidats, et réunit, rassemble (*conducit*) les employés. Le

(1) *Droit public romain*, I, p. 271, note 4 et 382, note 1.

nom de *locator* ne se fût donc plus expliqué ; le censeur fut alors apppelé *conductor*.

Ces dénominations, nées à l'occasion du droit public et du rôle des censeurs, seraient passées dans le droit privé (1).

(1) Afin d'être plus concis dans des explications souvent communes à la *locatio operarum* et à la *locatio operis*, nous emploierons les mots *bailleur* et *preneur* dans le sens exact que nous leur donnons en français. Le *bailleur* sera donc le *locator operarum* et le *conductor operis*. Le *preneur* sera le *conductor operarum* et le *locator operis*. Nous laisserons cependant aux mots *locator* et *conductor* le sens qu'ils avaient à Rome.

APPENDICE

DIFFÉRENCES ENTRE LA « LOCATIO OPERARUM » ET LA
« LOCATIO OPERIS »

Il est bien certain que le même fait peut souvent
donner lieu tantôt à l'un, tantôt à l'autre de ces contrats. En effet, le travail de l'ouvrier changera de
caractère avec les conditions dans lesquelles il devra
se produire. S'il est payé au temps, nous sommes en
face d'une *locatio operarum*, parce que le risque de
l'entreprise est demeuré aux mains du maître. Si le
prix, au contraire, est un forfait, nous avons une
locatio operis, sans qu'il y ait à considérer si l'ouvrier
a travaillé chez lui ou chez le maître. Il est hors de
doute qu'il peut y avoir *locatio* d'une chose sans son
déplacement matériel. Mais faut-il tenir compte
d'autres éléments? Par exemple, j'ai un fils et un
esclave que tous deux je confie à un maître chargé de
les instruire. Selon M. Accarias (1), il y a bien *locatio*

(1) *Précis dr. romain*, II, p. 503, note 1.

operis pour ce qui concerne mon esclave, mais non en ce qui concerne mon fils. Dans ce deuxième cas, il ne pourrait y avoir qu'une *locatio operarum*, car on ne peut pas dire que mon fils ait été l'objet d'une tradition, alors, dit-il, qu'il est nécessaire dans la *locatio operis* que le *locator* fournisse la *res* sur laquelle doit porter le travail. On cherche à asseoir cette distinction sur deux textes d'Ulpien : les lois 13, § 3, D., XIX, II, et 5, § 3, *fine*, D., IX, II, visant : la première, le cas de l'esclave; la deuxième, celui du fils (1).

Pour le soutenir il faut dire que dans le fragment 5, § 3, le cordonnier est *conductor operarum*. Cela est possible. Mais nous verrons plus loin, que selon M. Accarias lui-même, la mise de l'objet à la disposition du *conductor operis*, loin d'avoir le caractère d'une véritable tradition, n'est qu'une condition de fait.

Nous croyons donc plus exact de nous en tenir au premier caractère que nous avons indiqué. — Mais il ne sera cependant pas toujours facile de qualifier le contrat Par exemple, je charge mes marchandises sur un navire qui doit les transporter dans un endroit déterminé. Presque toujours je serai *locator operis*, mais comme dit Papinien (L. 1, § 1, *Præs. verb.*, D., XIX, 5), il peut y avoir doute sur le point de savoir si je ne suis pas plutôt *conductor navis*. Il se pourrait même que

---

(1) M. Accarias présente cette opinion comme simplement possible. V. *Contrats innomés*, § 9, *in fine*.

je fusse, à l'égard du capitaine de navire, *conductor operarum*. Quelle action exercer? Dans le doute Labéon me donne l'action *præscriptis verbis*. Il paraît, du reste, l'avoir imaginée pour cette hypothèse. Cette action a un double caractère, elle est essentiellement contractuelle et est subsidiaire à toute autre action de cette nature. Malgré les efforts des Sabiniens elle devint l'action des contrats innomés. Du reste, ne semblait-elle pas faite pour eux !

CHAPITRE III

FORMATION DU CONTRAT

A la différence des contrats du droit civil primitif, le louage n'exige aucune condition de forme. Le seul consentement des parties suffit à le faire naître, comme les autres contrats appelés de là consensuels.

Seules des conditions de fond sont exigées. Elles sont relatives à la fois au consentement lui-même, à la capacité des parties et au double objet des obligations.

Nous étudierons ce caractère consensuel du contrat de louage et les conditions du fond énumérées, en ne nous attachant point à celles qui sont communes à toutes les obligations.

§ 1. *Consentement.*

La création des contrats consensuels est en droit romain une évolution capitale. Par eux un droit presque nouveau se lève à côté du droit civil et l'écarte dans les opérations les plus usuelles de la vie. Mais cette nouvelle manière de contracter est une dérivation des formes anciennes amenée comme tout progrès par le temps et l'usage.

Si on en croit certains auteurs, le *nexum* ou la solennité *per æs et libram* fut le premier type de contrat de droit civil. On dut l'abandonner en raison de ses formes trop compliquées et les Romains trouvèrent une cause suffisante d'obligation dans des paroles, un écrit ou la remise d'une chose. De là les contrats formés *re verbis* et *litteris*, qui bientôt eux-mêmes insuffisants virent, comme par une nouvelle dégénérescence, naître des obligations formées *solo consensu*. Qu'y a-t-il de vrai dans cette théorie qui trouve aux contrats consensuels des ancêtres jusque dans le *nexum*? Il est difficile de concevoir que les Romains se résignèrent à recourir aux formalités d'une vente fictive pour la formation de rapports contractuels courants. Gaius (Inst., C. III, § 173) nous dit bien que la solennité *per æs et libram* pouvait être une cause d'obligation : « Si « quid eo nomine debeatur, quod per æs et libram « gestum est », mais il ne nous dit pas qu'elle fût d'une application générale et obligatoire (1).

Le consentement put donc être échangé au gré des parties et devint par lui-même une cause suffisante

______

(1) V. Accarias, *Préc. dr. rom.*, II, p. 196, note.

d'obligation. Gaius définit ainsi ce caractère consensuel du contrat : « Ideo autem istis modis dicimus obli
« gationes contrahi, quia neque verborum, neque
« scripturæ ulla proprietas desideratur, sed sufficit
« eos, qui negotium gerunt consensisse ; unde inter
« absentes quoque tatia negotia contrahuntur, veluti
« per epistolam aut per nuntium, cum alioquin ver
« borum obligatio inter absentes fieri non possit. »
(Inst., C. III, § 136).

Justinien, de crainte sans doute qu'on ne voie alors un contrat innomé, ajoute : *ac nec dari quidquam necesse est* » (Inst. J., III, tit. XXII).

Pour que le contrat se forme, que les obligations naissent, il faut et il suffit donc que les parties, ayant l'intention réciproque de s'obliger, tombent d'accord sur l'objet de la convention. Ni paroles, ni écrit ne sont nécessaires, et les parties peuvent conclure leur engagement éloignées l'une de l'autre, *inter absentes.*

Justinien par mégarde, apporta une dérogation à ce principe ; préoccupé, sans doute, de consacrer législativement un usage et peut-être, aussi, de diminuer le nombre des procès.

La loi 17 au Code, *De fide instrumenti* (IV, 21) porte que toutes les fois que les parties seront convenues de rédiger un écrit, la formation du contrat sera suspendue jusqu'à la rédaction de cet écrit. C'est être trop absolu, car cette convention de rédiger un écrit peut n'être pas une condition suspensive affectant la naissance du contrat, mais bien une convention distincte relative à la preuve.

Dans le contrat de louage d'ouvrage, comme dans tous les autres contrats, le consentement des parties doit intervenir sur les choses qui sont la substance du contrat. Il doit donc intervenir sur l'ouvrage qui doit faire la matière du contrat et sur la qualité de cet ouvrage, sur le prix et enfin sur le genre du contrat auquel elles entendent donner naissance. Si je n'ai pas bien compris quel était l'ouvrage et la qualité de l'ouvrage que vous me donniez à faire, j'ai entendu me charger d'un autre ouvrage, ou d'un ouvrage d'une autre qualité que celui que vous avez voulu me donner à faire, — ou si j'ai entendu m'en charger pour un prix plus fort que celui que vous avez voulu me donner, il n'y a point de contrat faute de consentement. De même si vous croyiez contracter avec moi un contrat de mandat et que je me chargerais gratuitement de l'ouvrage que vous me donniez à faire, tandis que moi, au contraire, j'entendais faire avec vous un contrat de louage et recevoir une *merces*.

Le consentement ne doit en outre être vicié par l'erreur, le dol ou la crainte, sans cela le contrat serait lui-même vicié.

§ 2. *Capacité des parties.*

Comme tous les contrats, le louage ne peut intervenir qu'entre personnes capables de contracter. On sait quelles étaient à cet égard les distinctions romaines. Telle personne pouvait bien devenir créancière d'une obligation, qui ne pouvait s'obliger. Sans entrer dans ces distinctions qui nous entraîneraient un peu join, rappelons seulement le principe qui est posé par Paul (1).

« Homo liber qui statum suum in potestate habet,
« et pejorem eum et meliorem facere potest; atque
« ideo operas suas diurnas nocturnasque locat. »

§ 3. *Objet.*

Les parties doivent s'accorder sur le prix et la chose. Mais il faut en outre, pour qu'il y ait louage, que ce double objet réponde à la conception du droit romain.

A. *Merces.* — Le prix ne s'appelle plus *pretium* comme dans la vente. Il prend le nom de *merces.*

____

(1) *Sententiæ*, II, tit. XVIII, § 1.

Cette *merces* doit réunir trois conditions. Elle doit consister : *in numerata pecunia*, être *vera* et *certa*.

On concevrait que celui qui loue son travail ou ses services s'assurât comme rémunération la dation d'un objet ou une prestation. Le droit français pourrait y voir encore un louage. Mais à Rome il n'en était point de même, une pareille convention ne pouvait jamais être munie des actions *locati* et *conducti*. L'objet de l'obligation du preneur devait consister uniquement en une somme d'argent. Sans elle, la convention intervenue ne pouvait constituer qu'un pacte nu dont elle suivait la fortune aux diverses époques de la jurisprudence romaine. Elle eût pu, avec le temps, valoir comme pacte adjoint à un contrat ou à titre de contrat innomé, mais ce fut tout. La *numerata pecunia* est aussi indispensable dans le louage que dans la vente, contrat avec lequel il a du reste une grande affinité.

« Locatio et conductio proxima est emptioni et ven-
« ditioni, isdemque juris regulis consistit : nam ut
« emptio et venditio ita contrahitur, si de pretio con-
« venerit, sic etiam locatio et conductio ita contrahi
« intelligitur, si merces constituta sit (1). »

Et Justinien, au titre précédent de ses Institutes, dit :

« Quod jus, cum in venditionibus nobis placuit, non
« est absurdum et in locationibus trahere. — § 2.
« Item pretium in numerata pecunia consistere debet. »

(1) Justinien, Inst., III, tit. XXIV, pr.

Assurément cette exigence dut être contestée. La controverse soulevée par les Sabiniens à propos de la vente devait se reproduire ici, car elle avait sa raison d'être aussi bien pour le louage que pour la vente, et aussi bien pour le louage de services et d'ouvrage que pour le louage de choses. Mais les Proculéiens triomphèrent encore; Justinien consacra leur opinion (Just., C. III, tit. XXIV, § 2).

Gaius (1) nous dit : « Nisi enim merces certa cons-« tituta sit non videtur locatio conductio contrahi. »

La *merces* doit être déterminée, mais que faut-il entendre par là ? Est-il nécessaire que son *quantum* soit fixé invariablement au moment de l'échange des consentements, la somme d'argent connue ? Non ! car je puis vous promettre valablement de vous payer une *merces* fixée au hasard ; par exemple, la somme qui se trouve dans ma bourse ou dans celle de Titius. Le prix peut encore être fixé au temps ou à la mesure.

Il suffira que les éléments de cette fixation soient suffisamment déterminés pour qu'après le contrat il soit indépendant de la volonté des parties, même de leur volonté commune. Le contrat ne se formerait donc pas si les parties convenaient de laisser au preneur, au bailleur, ou le soin de fixer le montant de la *merces*, ou même s'ils se réservaient de le fixer postérieurement. Ce sont les mêmes règles qu'en matière de

____

(1) Inst., t. III, § 142.

vente dont Gaius et Justinien font l'application pour la *locatio operis* (1). Il convient du reste de les étendre à la *locatio operarum*. On suppose qu'un foulon ou un tailleur a reçu des vêtements à nettoyer ou à réparer. La *merces* que doit payer le *locator* n'est pas encore déterminée, « nulla statim mercede constituta » ; on s'entendra plus tard là-dessus, « postea tantum daturus « quantum inter eos convenerit ». Y a-t-il louage? Gaius nous dit qu'on n'est pas d'accord (2). Quant à Justinien il consacre l'opinion proculéienne : « Non « proprie locatio et conductio contrahi intelligitur. »

On se demandait si tout au moins il ne serait point suffisant de décider qu'on s'en référerait ensuite à un arbitre. Le jurisconsulte et l'empereur décident de même :

« Si merces promissa sit generaliter alieno arbitrio, « locatio et conductio contrahi non videtur (3). »

Il le fallait ainsi, car désigner l'arbitre après le contrat, c'est débattre en réalité les éléments de fixation de la *merces*, qui devaient échapper à la discussion des parties.

On pourra recourir à l'arbitrage pour fixer le salaire à condition que le tiers ait été désigné à l'avance. Alors, en effet, l'obligation du preneur n'est plus susceptible d'être modifiée par les parties. Mais, il peut

(1) *Locis citatis.*
(2) Instit., *loc. cit.*, § 143. — L. 2, pr., D., XIX, 2.
(3) Gaius, 25, pr., XIX, L. 2, quoiqu'il fut Sabinien.

arriver que le tiers ainsi désigné, Titius, par exemple, repousse la mission offerte, ou ne puisse l'accepter.

Que faire ? Le louage subsiste-t-il toujours ? Non, dit Justinien, c'est comme s'il n'y avait pas eu de *merces* promise : *Tunc pro nihilo esse locationem quasi nulla mercede constituta.* En effet, le contrat était fait sous une condition suspensive qui se trouve défaillie et on peut dire que rien n'a été fait (Inst., III, L. 23, § 5 ; 24, § 1, Gaius, *loc. cit.*).

Mais assurément la *merces* était suffisamment déterminée lorsqu'elle l'était tacitement. Par exemple, lorsque j'envoie de l'étoffe chez un tailleur pour me faire un habit, qu'il la reçoit et se charge de le faire, le contrat est parfait quoique nous ne nous soyons pas expliqués sur le prix. Nous sommes en ce cas censés être tacitement convenus du prix qu'il est d'usage de payer pour les façons d'habit, ou que ce tailleur me prend d'ordinaire.

La *merces* doit être en outre *vera*, c'est-à-dire sérieuse. La règle est la même que pour le louage de choses, dans ce cas si le prix payé par le *conductor* est dérisoire on ne se trouve plus en face d'un louage (1).

Mais un prix sérieux n'est pas forcément l'équivalent du service rendu. Il n'est pas non plus nécessaire que le prix convenu soit précisément le juste prix de l'ouvrage. Qu'il soit au-dessus ou au-dessous du juste

(1) Conf., Ulp., 46, D., *loc. cond.*

prix le contrat ne laisse pas d'être valable. Ce qui est incompatible avec le louage, c'est la *merces* dérisoire. Cependant, en cas de lésion d'oultre moitié, la partie lésée pouvait demander la rescision du contrat.

B. *Res.* — L'obligation de payer la *merces* a pour cause l'obligation du bailleur d'exécuter le travail convenu. Ce travail est l'objet principal du contrat.

Cet objet est soumis aux règles générales concernant les stipulations.

Il est évident que l'ouvrage doit être *à faire* : un ouvrage déjà fait ne peut être la matière du contrat.

Il doit, en outre, être possible ; car ce qui n'est pas possible ne peut être la matière d'aucune obligation : *impossibilium nulla obligatio* (L. 185, D., L. 17). Par exemple, si j'ai fait marché avec quelqu'un pour qu'il transporte une maison sans la démolir. Mais l'impossibilité qui est seulement relative à celui qui a entrepris le travail n'empêche pas le contrat d'être valable. L'entrepreneur qui a trop présumé de ses forces est en faute ; quant au bailleur, il n'était pas obligé de les connaître.

L'objet ne doit pas non plus être illicite, c'est-à-dire contraire aux lois ou aux bonnes mœurs (J., Inst., *De mand.*, III, XXVI, § 7). Déjà à Rome il était défendu d'exhausser les maisons au delà d'une certaine hauteur. Si j'ai fait un marché qui ait cet objet, le contrat est nul et ne produit de part ni d'autre aucune obligation. Cependant il peut être établi que l'une des parties savait cette **défense** et que l'autre l'ignorait. La première, en ce cas, serait tenue de l'action *de dolo*, si elle avait été de mauvaise foi.

L'ouvrage ne doit pas non plus être contraire aux bonnes mœurs, comme serait un tableau licencieux ou un *carmen famosum*.

Signalons en passant un cas où il semble que le louage de services ait eu légalement un objet immoral. C'était dans l'hypothèse du contrat appelé *auctoramentum*.

Il avait lieu lorsque des sicaires se mettaient aux gages de quelqu'un, quand des hommes libres se louaient avec serment à un entrepreneur de spectacles de gladiateurs. Gaius parle du cas où un voleur se serait rendu coupable de détournement d'une personne de cette condition (*vel auctoratus meus subreptus fuerit*, Inst., III, 199). Paul (1) en fait aussi mention et Ulpien (2) nous dit qu'aux termes de la loi *Julia de vi publica et privata*, on ne peut entendre le témoignage d'un *auctoratus*.

Ce contrat servait aussi à l'engagement de soldats mercenaires et de certains manœuvres (*exauctores, vindemiatores, proditores*).

Giraud refuse de voir là un louage de services. C'était selon lui un contrat tout spécial (3).

(1) *Coll. leg. mosaic.*, IV, 3, § 2.
(2) *Coll. leg. mosaic.*, IX, 2, § 2.
(3) *Des Nexi*. Paris, 1847, p. 80.

Mais le louage a des exigences plus grandes que la stipulation. Tous les faits ne peuvent servir d'objet à la *locatio operis* ou à la *locatio operarum*. Il leur faut des caractères que malheureusement les textes ne nous indiquent pas, se bornant à nous dire quels faits doivent être éliminés. Aussi est-on embarrassé pour rechercher l'esprit de la jurisprudence romaine que des textes d'apparence contradictoire se plaisent à cacher.

Nous voyons en effet, que certains faits tels que les faits juridiques, un voyage exécuté dans l'intérêt de quelqu'un sont exclus de la *locatio operis* ; que certains services professionnels tels que ceux des avocats, des professeurs, des médecins, des nourrices, etc..., le sont aussi de la *locatio operarum*. Pour quel motif? Voilà ce qu'il faut rechercher.

Il est deux points sur lesquels les interprètes sont parfaitement d'accord. Les faits qui peuvent former l'objet du louage doivent être le résultat d'une industrie spéciale, d'un art spécial ; ils doivent en outre se prêter à une exacte estimation pécuniaire, ce qui est en parfaite conformité avec l'esprit de la législation romaine.

Cela nous explique comment les faits juridiques sont exclus du louage. Nous voyons en effet cette décision dans un texte de Paul ainsi conçu :

« Quod si tale sit factum quod locari non possit,

« puta ut servum manumittas. » (*Præs. verb.*, 5, § 2,
D., XIX, V).

L'affranchissement de l'esclave n'est qu'un exemple,
Paul le dit ; il faut donc étendre la solution aux faits de
même nature, à tous ceux qui ont un caractère juridique. Or ces faits ne comportent en aucune façon l'idée
d'industrie particulière exercée par le créancier de la
somme d'argent. Ils sont à la portée de tous, et ne sont
point en outre en eux-mêmes appréciables en argent.

Le premier caractère nous explique encore la loi
5 pr. D., *De cond. c. d.*, XII, IV. Dans cette loi Ulpien
suppose que moyennant une somme d'argent vous
deviez faire un voyage dans mon intérêt, et dans cette
convention il ne voit pas un louage, mais un contrat
innomé. Cela n'est pas douteux puisqu'il accorde la
condictio ex pœnitentia. Quelle est la raison de cette
décision ? Quand il s'agissait d'un acte juridique, on
pouvait dire que le fait n'était point appréciable en
argent, mais ici on ne le peut plus. Le temps et la
fatigue d'une personne qui s'occupe de mes affaires
peuvent très bien être évalués pécuniairement et cela
non seulement au point de vue de la personne qui les
donne, mais également au point de vue de celle qui les
reçoit. Si donc le jurisconsulte exclut l'idée de louage
c'est que, et la chose est exacte, cette mission (1)
n'exige chez celui qui traite avec moi aucun art, aucune
industrie particuliers.

(1) Au moins dans les termes larges du texte.

C'est le seul motif. On ne pourrait du reste prétendre que mes affaires auraient pu être mal gérées ; il
n'est pas nécessaire dans le louage qu'il y ait enrichissement du preneur. Il en sera généralement ainsi,
mais il y aura louage sans cela. Dans le contrat de
transport par exemple, Gaius voit expressément un
louage :

« Qui columnam transportandam conduxit... »(L. 25,
§ 7, D., *Loc. cond.*, XIX, 2).

Or, il est bien évident que la matière transportée peut
avoir, par le voyage même, perdu de sa valeur. L'enrichissement du preneur n'est donc point nécessaire.

Ces motifs suffisent à justifier les solutions que nous
venons de voir, mais résolvent-ils toutes les difficultés ?
Comment expliquer (et ici on n'est plus d'accord)
cette décision des jurisconsultes et d'Ulpien en particulier, qui refuse aux avocats, médecins, professeurs,
l'action *locati* en payement des sommes convenues ? qui ne leur accorde qu'une *persecutio extra ordinem*, atteignant du reste le même but ? Les services de ces personnes, cependant, exigent au premier
chef un art spécial et sont parfaitement appréciables
en argent, puisque la *persecutio* a pour but d'en assurer la rétribution.

Une première explication tirée du texte même
d'Ulpien, la loi 1, D., L, 13, fut longtemps accueillie
sous la foi de ce jurisconsulte qui la donne. Elle est
basée sur le caractère élevé de ces professions. Les

rhéteurs, dit-on, les grammairiens, les géomètres se livrent à des *studia liberalia*. Les médecins saignent le corps humain et les avocats sont adonnés à l'étude des lois. La noblesse de ces professions ne permet pas qu'on les assimile à des occupations mercenaires. Ces travaux ne sont pas susceptibles d'appréciation pécuniaire, et cette appréciation est de l'essence du louage. Si des honoraires sont dus, c'est plutôt par un sentiment de justice que pour un motif de droit, aussi l'action de ces personnes doit être portée non devant le juge ordinaire, mais devant le magistrat gardien de l'équité. C'est bien ce motif qui les différencie d'avec les ouvriers et les artisans qu'Ulpien déclare précisément mettre à l'écart. En effet, le jurisconsulte ajoute que l'on fait rentrer dans le droit commun les charlatans et les avocats de bas étage, qui ne sont en réalité que des agents d'affaires ; qu'il devrait bien en être de même des pédagogues qu'un abus a fait ranger parmi les professeurs.

Cette explication fut longtemps accueillie sans conteste. Cujas et Bartole l'ont reproduite ; et après eux Troplong (1). Elle n'est plus guère admise. Nous voyons en effet des services professionnels d'un ordre tout à fait vulgaire, qui sont également exclus du louage. Ce sont ceux des pédagogues, des copistes, des tabellions, des nourrices. Pour les premiers ce fut

______

(1) *Louage,* III, p. 20.

une usurpation, dit Ulpien ! Cette explication ne saurait suffire, quand nous voyons une semblable décision pour les autres professeurs, les nourrices par exemple; quand nous voyons aussi des travaux d'un ordre très élevé, tels que ceux d'un peintre, faire l'objet du louage. De plus il n'est pas jusqu'aux services des professeurs, des médecins qui ne fassent sans difficulté l'objet d'un louage lorsqu'ils s'appliquent à un esclave (1) et pourtant ces services ainsi appliqués n'enlèvent à la science de ces personnes rien de sa noblesse, de sa dignité.

M. Accarias (2) propose une autre explication. « C'est, dit-il, que ces services présentent ceci de tout à fait spécial que si pour celui qui les rend ils ont une valeur appréciable mesurée par le temps et les efforts qu'ils lui coûtent, pour celui qui les reçoit, leur valeur échappe à toute estimation pécuniaire bien précise. » Cela semble parfaitement exact et en complète harmonie avec la législation matérialiste des Romains, aveugle devant une plus-value qui n'était pas susceptible de se réaliser en une somme d'argent. Alors, peut-on dire, on conçoit la divergence des textes qui n'accordent que la *persecutio* au maître qui a enseigné un fils de famille, et qui donnent l'*actio locati* si l'enseignement a été donné à un esclave. Celui-ci est une

(1) 7, § 8, *Ad. leg. Aq.*, IX, 2.
(2) *Contrats innomés*, p. 154.

chose, *res*, dont le maître tirera profit, une valeur qui a cours.

Nous en indiquerons tout à l'heure une autre qu'on pourrait induire d'un troisième caractère du louage mis en lumière par M. Accarias. Mais en attendant, ne pourrait-on point tenter une explication historique de la difficulté.

Qu'on se rappelle comment s'est formé le contrat de louage et la manière de procéder des Romains. Ils ne procédaient point d'une manière synthétique, mais accordaient au contraire leurs actions à un ordre de faits précis qu'ils avaient l'habitude de rencontrer et dont ils voulaient faciliter la mise en œuvre juridique. Ils ne généralisaient point, mais procédaient par espèces, sans étendre ensuite le cadre de l'action accordée. — Pour le louage, ils partirent d'un fait déterminé, une convention sans cesse renouvelée au milieu des nécessités de la vie. Cette convention, en quelque sorte singularisée par sa répétition, avait pour but de permettre l'échange contre argent du travail de l'ouvrier et de l'artisan, de tous ceux exerçant une industrie spéciale, des professions alors rétribuées. Elle devint le contrat de louage, mais les Romains restreignirent soigneusement cet objet au cas d'application premier, ne l'étendant pas aux services qui, dans la suite, purent être rémunérés. Or, n'est-il pas plausible de croire que dans l'ancien droit les services des nourrices, des copistes, extrêmement rares et exigeant de l'affection ou un talent peu commun, n'aient pas paru de leur nature, mercenaires, — qu'à l'époque où le barreau n'était qu'un moyen d'arriver aux fonctions publiques, les avocats aient fourni gratuitement leurs services. Il en était ainsi des fonctions de l'*agrimensor* qui dégénérèrent en métier et qui ne rentrèrent point dans le louage. Cela nous explique la différence que font les textes entre les rhéteurs et les pédagogues. Les premiers durent longtemps enseigner pour la gloire, en public, tandis que les seconds faisaient argent de leurs services.

Les faits formant l'objet du contrat de louage doivent, selon M. Accarias, réunir une troisième condition. Ils doivent nécessairement s'appliquer à une chose corporelle mise par le preneur à la disposition du bailleur. Ce système est basé sur un texte de Pomponius, ainsi conçu :

« Sabinus respondit si quam rem nobis fieri veli-
« mus (etiam), veluti statuam, vel vas aliquod, seu
« vestem ut nihil aliud quam pecuniam daremus,
« emptionem videri ; nec posse ullam locationem esse,
» ubi corpus ipsum non detur ab eo cui id fieret ; aliter
« atque si aream darem ubi insulam ædificares, quo-
« niam tunc a me substantia proficiscitur » (L. 20, *De con. temp.*, XVIII, I).

Ainsi donc, d'après Sabinus et Pomponius, lorsque je charge quelqu'un de me faire une statue, un vêtement, il ne peut y avoir louage, si je ne fournis pas la

matière. De même, si je traite avec un entrepreneur
de constructions, il n'y aura contrat de louage qu'autant que la construction devra être élevée sur mon
propre terrain. La raison qu'ils en donnent est qu'alors
seulement : *a me substantia proficiscitur*. « Dégageons,
dit M. Accarias (1), l'idée de ces deux jurisconsultes :
pour que le louage d'ouvrage se conçoive, il faut absolument que l'une des parties, celle qui reçoit le service ne consistant pas en argent, fournisse à l'autre
une chose matérielle, *corpus* ou *substantia*, ce sont les
deux expressions de la loi 20; et il faut que le service
par elle reçu consiste en un travail exécuté sur cette
chose. » Et il invoque aussi la loi 5, § 1, D., *De verb.
signif.*, L, 16 qui vient encore appuyer cette manière
de voir. Paul y cite une définition du louage d'ouvrage
donnée par Labéon :

« Opere locato, conducto : his verbis Labeo signifi-
« cari ait id opus quod Græci ἀποτέλεσμα vocant (non
« ἔργον) id est, ex opere facto corpus aliquod perfectum. »

Or, ἔργον signifie tout travail, tandis qu'ἀποτέλεσμα dé-
signe plus proprement une chose achevée, travaillée.
On objecte alors que, chose contraire aux textes (2), le
contrat de transport ne pourra plus rentrer dans la
définition du louage, puisque la *res* fournie ne porte

(1) *Contrats innomés*, p. 155.
(2) 25, § 7, D., *Loc. cond.*, XIX, 2.

pas l'empreinte du travail. Mais il faut répondre avec M. Accarias qu'il n'est pas nécessaire que le fait tende à modifier ou à transformer la chose, que le contrat se formera en cas de transport ou de simple garde d'un objet, parce que, ce qui suffit, le travail s'effectuera à l'occasion d'un objet fourni par le preneur.

Cette troisième condition nous semble pleinement justifiée. On pourrait lui reprocher de s'appuyer sur le texte de Pomponius, en disant que Sabinus ne cherche point à y donner une définition du louage, mais seulement à nous montrer comment le contrat se différencie d'avec la vente.

Nous croyons qu'il est possible de répondre.

Tout d'abord, cette exigence n'est contrariée par aucun texte. Nous avons montré qu'elle ne rejette point du louage le contrat de transport, elle pourrait en outre se présenter comme une explication des textes qui font écarter du louage les services de l'avocat. Elle justifie la différence faite par Ulpien entre les services des professeurs et des pédagogues en conciliant les textes qui s'en occupent.

Les textes qui nous parlent de louage pour les soins d'un magister (L. 13, § 3, D., *Loc. cond.*, XIX, 2-5, § 3, *Ad leg. Aq.*, D., IX, 2) supposent que l'enfant a été confié au magister. Au contraire, ils ne le supposent point lorsqu'ils parlent de l'enseignement des rhéteurs et autres professeurs qui ne devaient point prendre un pareil souci.

Mais y a-t-il quelque chose de déraisonnable à voir une condition de fond du contrat, dans un caractère qui sépare certainement la *locatio operis* de la vente (1) et qui pourrait bien servir à distinguer la *locatio operarum* et la *locatio operis* du mandat.

Nous n'admettons pas d'une façon absolue l'axiome formulé par certains textes qui déclarent que toute la différence entre le mandat et le louage réside dans la présence du salaire. C'est ce que dit Justinien, qui nous apprend que tout mandat devient louage s'il cesse d'être gratuit (Inst., III, 26, § 13; L. 1, § 4, D. *Mand.*, XVII, 1). Nous admettons bien que la *merces* puisse faire écarter l'idée de mandat, mais nous lui refusons ce pouvoir à elle seule, à l'exclusion de toute autre

(1) On se rappelle l'hypothèse qui embarrassait les jurisconsultes et que Gaius et Justinien croient utile de résoudre dans leurs Instituttes : « Titius convient avec un orfèvre que contre dix sous d'or celui-ci fournira dix anneaux de ce métal, d'un poids et d'une forme déterminés » (G., Inst., III, § 147. — Just., Inst., III, 24, § 4). Quelle était la nature du contrat? Cassius hésitait, disant : il y a vente et louage, quoique l'opération étant une, exigeât une solution également une. Son hésitation qui est fatale si on n'exige pas notre troisième caractère, ne se comprend plus, si avec Sabinus et Pomponius on admet que dans le louage : « Res a me proficisci debet »; c'est ce qui permet à Justinien de dire qu'il y a vente.

Cette condition, qui différencie le louage du mandat et de la vente, est donc bien caractéristique de notre contrat, puisque sans elle il disparaît.

condition. Cette différence est beaucoup trop accidentelle pour pouvoir nous suffire, surtout lorsque nous
voyons que l'*honorarium* a pris dans le mandat une si
large place. Cela peut nous expliquer pourquoi les
Romains ne voient pas un louage dans la convention
par laquelle je m'engage à faire un voyage dans votre
intérêt ou dans les services de l'avocat.

Nous donnons donc au louage, malgré Justinien, un
cadre plus restreint qu'au mandat. L'empereur avait
mal compris un texte de Gaius qu'il a cru reproduire.
Le jurisconsulte avait dit (Inst., C. III, § 162) que le
louage d'ouvrage dégénère en mandat lorsqu'il est
gratuit. Cela est parfaitement exact ; mais Justinien, se
trouvant en présence de deux contrats qu'il a cru sépa-
rés uniquement par la question de la *merces*, s'est
imaginé qu'il pouvait sans danger retourner la proposition.

Un texte de Paul vient bien confirmer notre manière
de voir. Le jurisconsulte se demande quelle action
accorder en cas de mandat salarié. Il n'ose pas affirmer que c'est une action tirée du louage ; ce qui serait
cependant bien naturel s'il était exact que le mandat
salarié dégénérât en louage. Il dit seulement que la
convention aurait plutôt l'air d'un louage que d'un
mandat : « interveniente enim pecunia, res ad locatio-
« nem et conductionem *potius* respicit » (L. 1, § 4,
D., XVII, 1, *Mandati*). N'y a-t-il point place pour notre
manière de voir ?

Nous avons vu les conditions requises pour que le louage puisse se former. Les unes, relatives à la *merces*, exigent qu'elle soit *in numerata pecunia, certa et vera*; les autres, relatives à la *res*, veulent que le fait appréciable en argent, et résultant d'une industrie spéciale, s'applique à une chose mise à la disposition du bailleur.

Voyons maintenant quelles seront les conséquences juridiques des conventions passées en dehors de ces règles.

Longtemps, il n'y en eût aucune.

La convention ne pouvant rentrer dans aucun des types dont la loi consacrait l'existence était, sous le nom de « pacte nu », dépourvue de toute sanction.

La partie qui avait exécuté son obligation ne pouvait même point exiger de l'autre l'accomplissement de son engagement. La dation du prix faite *ob rem* mettait bien le bailleur dans la nécessité d'exécuter le travail convenu ou de vendre la somme d'argent, mais le preneur n'avait pas la faculté de conclure à l'exécution de la convention. Il n'avait qu'une *condictio ob rem dati* ou *causa data causa non secuta*, action exclusivement fondée sur ce principe que nul ne doit s'enrichir sans cause aux dépens d'autrui (L. 65, § 4, D., *De cond. indeb.*, XII, VI).

Il avait encore, comme dans le cas où c'était le débiteur qui avait exécuté son obligation, l'action *de dolo* depuis Aquilius Gallus (1).

Cette action pouvait même à raison de son caractère arbitraire, aboutir à l'exécution de la convention, et assurait en tous cas la pleine réparation du préjudice causé ; mais à la différence des actions contractuelles, elle était annale et intransmissible passivement : c'était donc insuffisant. — Les jurisconsultes firent un pas en avant. — Ils virent dans l'exécution d'une des prestations convenues une cause suffisante, non seulement de répétition pour la partie qui avait exécuté (il en avait toujours été ainsi), mais d'obligation pour l'autre. Ils formèrent ainsi lentement la théorie de ce qu'ils appelaient les *negotia nova* et que nous appelons les contrats innomés. Tout d'abord, Ariston fit consacrer les hypothèses *do ut des*, *do ut facias*, c'est-à-dire pour la deuxième qui seule nous occupe, le cas où j'ai donné une chose pour obtenir un fait en retour. C'était un premier pas, mais nous pouvons aussi bien supposer que le bailleur a exécuté son travail avant d'en recevoir le prix, ce qui forme l'hypothèse *facio ut des*, ou qu'il a exécuté son travail en vue d'une prestation sem-

____

(1) 5, § 3, *De præs. verbis*, XIX, 5.

blable qui a été convenue. C'est alors l'hypothèse *facio ut facias*. Dans ces deux derniers cas toute action fut longtemps refusée, si ce n'est l'action *de dolo*.

La différence provenait de ce que la dation étant un acte juridique, pouvait bien aux yeux des Romains être une cause d'obligation, à la différence de simples faits dépourvus de tout caractère juridique. Mais avec le temps les deux hypothèses *facio ut facias*, *facio ut des* furent l'une après l'autre consacrées.

Dans le dernier état du droit nous les voyons toutes consacrées par l'action *præscriptis verbis* qui aboutit à l'exécution de la convention. Cette action avait été inventée probablement par Labéon qui l'appliqua d'abord pour tourner une difficulté en matière de louage. On se demandait si lorsque je charge mes marchandises sur un navire qui doit les transporter en un lieu quelconque, je suis *conductor navis* ou *locator operis*, s'il y a louage de chose ou louage d'ouvrage. Labéon, dans le doute, me donne l'action *præscriptis verbis* (L. 1, § 1, *De præs. verb.*).

Cette action fut généralement admise (1), bien que l'opinion des Sabiniens tendit à faire prévaloir l'admission d'actions contractuelles *utiles*. Elle concourait du reste avec celles déjà accordées et la *condictio* dite *ex pænitentia* accordée dans certains cas.

____

(1) V. Inst. Just., III, 24, § 2, *fine*

CHAPITRE IV

EFFETS DU LOUAGE

SECTION PREMIÈRE

OBLIGATIONS

Les obligations qui découlent du louage se résument d'une part à exécuter le fait convenu, de l'autre à payer la *merces* et à rendre possible la prestation du travail. Elles doivent s'exécuter selon les conditions prévues au contrat, les parties étant responsables de leur faute.

§ 1. *Obligations du preneur.*

Dans la *locatio operis* et dans la *locatio operarum*, le preneur est la partie débitrice de la *merces*. Il a une double obligation :

1° Mettre à la disposition du bailleur la chose sur

laquelle doit s'exécuter le travail convenu et généralement faire tout ce qui dépend de lui pour mettre le preneur en pouvoir de faire cet ouvrage. Par exemple si vous avez fait marché avec un charpentier pour construire un bâtiment dans un certain lieu, vous devez fournir passage à lui et à ses ouvriers, pour aller et venir au lieu où doivent se faire les bâtiments, et pour y conduire les matériaux nécessaires pour la construction.

Même il pourra être tenu d'y faire conduire à temps les matériaux qu'il s'est engagé à fournir. C'est une condition matérielle à la réalisation du contrat qui résulte de la nature des choses.

Faute par le *locator* de satisfaire à cette obligation il pourrait, si le *conductor* en avait souffert, être actionné *ex conducto* en payement de dommages-intérêts.

2° Payer la *merces*. Le prix est débattu par les parties, mais il faut noter que la bonne foi doit aussi présider à sa fixation. Le *locator* eût commis un dol si, dans le but d'obtenir un marché meilleur, il avait dissimulé à l'entrepreneur l'étendue de l'ouvrage à faire.

Pour le mode de payement il faut aussi s'en référer à la convention ou à l'usage. Ordinairement la *merces* ne sera due que lorsque le travail aura été exécuté par le bailleur, mais parfois elle était payée d'avance. C'est ce qui, semble-t-il, avait lieu dans le cas de transport, au moins par navire (1).

(1) 15, § 6, *Loc. cond.*

Le *locator* d'habitude dans la *locatio operis* ne doit le prix que lorsqu'il a accepté les travaux. Nous avons dit qu'il y avait intérêt pour lui à le faire en face d'entrepreneurs de mauvaise foi. Aussi, était-il parfois convenu que la réception serait faite par un tiers :

« Si in lege locationis comprehensum sit ut arbi-
« tratu domini opus adprobetur, perinde habetur ac si
« boni viri arbitrium comprehensum fuisset. Idem-
« que servatur si alterius cujuslibet arbitrium compre-
« hensum sit, nam bona fides exigit ut arbitrium tale
« prestetur quale bono viro convenit » (1).

Mais celui-ci ne pouvait, en ce cas, qu'approuver ou désapprouver l'ouvrage ; il ne pouvait, s'inspirant des circonstances, étendre le temps fixé par la convention des parties pour l'exécution du contrat. (Suite du texte.)

Le preneur doit la totalité du prix convenu. Mais il ne peut être contraint à payer au delà. La loi 60, § 4, *Loc. cond.* autorise en effet le maître, qui voit que l'architecte ne peut bâtir la maison pour la somme indiquée, à arrêter les travaux et à répéter même la provision fournie.

(1) *Id.*, 24, pr.

§ 2. *Obligations du bailleur*.

Le bailleur doit exécuter son travail de la façon qui a été convenue. Dans la *locatio operarum* il doit fournir les services promis tout le temps fixé. S'il les avait engagés à la fois à deux personnes, il devrait accorder la préférence à celle qui avait contracté la première (L. 26, D., *Loc. cond.*).

Dans la *locatio operis*, l'entrepreneur doit accomplir son travail dans le temps convenu. Mais il a une faculté que n'a pas l'ouvrier dans la *locatio operarum*, il peut employer le concours d'une autre personne. Cela tient à ce qu'il est moins débiteur de son travail que d'un résultat. Il emploiera donc une tierce personne vis-à-vis de laquelle il sera *conductor operarum* ou *locator operis* (1), à moins de convention contraire expresse ou tacite (2). C'est à ses risques et périls qu'il agira ainsi, restant seul débiteur de l'ouvrage (3).

Pour apprécier la nature de l'obligation du bailleur, il faut se reporter aux principes généraux. Nous sommes en face d'obligations de faire, il faudra donc exa-

(1) 48, pr., D., *Loc. cond.*

(2) 12, § 6, D., *De usu*, VII, 8. — 13, § 1, *Locat. cond.*, 48, pr., *h. tit.* — 31, D., *De solut.*, XLVI, 3.

(3) 25, § 7, *Loc. cond.*

miner dans chaque cas particulier si le fait à accomplir comporte ou non la possibilité d'une exécution partielle.

C'est ce qui fait que l'obligation du *locator operarum* sera ordinairement divisible. Un texte d'Ulpien semble dire que les *operæ* sont au contraire l'objet d'une obligation indivisible, mais il est bien évident que cette opinion dans sa généralité n'est point soutenable (1). — Pour la *locatio operis* il en sera de même, nous nous trouverons difficilement en présence d'un objet indivisible par nature. En effet, nous avons vu que les actes juridiques ne pouvaient faire l'objet de ce contrat. De même, si vous m'avez promis de faire un voyage dans mon intérêt ; l'acte est de sa nature indivisible, mais exclu du louage. Il faudra donc considérer d'ordinaire l'intention des parties. Par exemple, supposons avec Ulpien qu'il s'agisse de bâtir une maison. Il est bien évident que les parties ont envisagé la maison terminée. On n'habite pas une maison inachevée. De même si vous vous êtes engagé à construire un théâtre. Que puis-je en faire s'il n'est pas fini ? Ulpien a donc raison de dire « horum enim divi-« sio corrumpit stipulationem » (*De verb. oblig.*, *loc. cit.*). Elle n'est pas en effet dans l'intention des parties. Sera divisible au contraire, l'obligation de labourer mes champs, de transporter ma récolte.

(1) 72, pr. D., *De v. ob.*, 45, 1.

Voyons maintenant plus en détail les obligations du bailleur (*conductor operis*). Elles ont un double objet résultant de sa double obligation : 1° de rendre la chose à lui confiée ; 2° d'exécuter le travail promis.

I. OBLIGATION DE RENDRE

Cette obligation de restituer la chose l'oblige à veiller à sa conservation. Il doit prendre toutes les précautions convenables. Le *locator operarum* ne sera point tenu de cette obligation puisqu'il travaille ordinairement sous la surveillance du maître ; pour lui cette obligation rentrera dans celle d'exécuter convenablement son travail. Tout au contraire, le *conductor operis* sera responsable, par exemple si tailleur, il laisse voler ou manger aux rats les habits qui lui sont confiés... « quia debuit ab hac re cavere » (1). Le magister sera tenu de l'action *locati* s'il laisse enlever par les ennemis les enfants qu'il surveille, les ayant emmenés au loin (2).

(1) 13, § 6, *Loc. cond.*
(2) 13, § 3, D., *Loc. cond.*

II. EXÉCUTION DU TRAVAIL

a. Le bailleur devra exécuter le travail à temps. Nous pouvons supposer qu'aucun délai n'a été fixé pour l'exécution du travail, ou qu'un délai a été imparti. Si le contrat ne fixe aucun délai le *conductor operis* doit apporter une diligence raisonnable. Il a par exemple accepté de construire une maison :

« Qui insulam fieri spopondit non utique conquisitis
« undique fabris et plurimis operis adhibitis festinare
« debet, nec rursus utroque aut altero contentus esse ;
« sed modus adhibendus est secundum rationem
« diligentis ædificatoris et temporum locorum-
« que » (1).

Tout dépend donc de la nature du travail et de l'usage. Il faudra également considérer le but dans lequel la commande a été faite et qui peut contenir un terme tacite.

Si le contrat fixe un délai, l'objet devra être livré avant l'expiration du terme. Cette clause doit être interprétée rigoureusement. On stipulait d'habitude une somme d'argent à titre de dommages-intérêts pour le cas d'inexécution dans le délai voulu. Mais même alors

(1) L. 137, § 3, D., *De verb. oblig.*, XLV, 1.

Labéon nous dit que le contrat doit s'interpréter de telle sorte que les dommages-intérêts ne sont pas dus si le temps accordé eût été, au jugement d'un expert, matériellement insuffisant (1).

« Eatenus obligationem contrahi puto, quatenus vir
« bonus de spatio temporis æstimasset; quia id actum
« apparet esse, ut eo spatio absolveretur, sine quo
« fieri non possit. »

Mais c'est là une exception; en principe, le *bonus vir* qui doit recevoir l'objet n'a pour mission que de l'examiner en lui-même sans rechercher si le temps a manqué au *conductor* :

« Idque arbitrium ad qualitem operis, non ad pro-
« rogandum tempus quod lege finitum sit, pertinet,
« nisi id ipsum lege comprehensum sit » (Paul, L. 24, pr. *in fine, Loc. cond.*).

Sauf convention, bien entendu.

Le *conductor*, au lieu de promettre des dommages-intérêts, pouvait convenir avec le *locator* qu'après l'expiration du terme, celui-ci pourrait s'adresser à un autre entrepreneur chargé du travail. Alors, nous dit Paul, le premier *conductor* sera tenu (*ex locato*) des conséquences de ce nouveau louage dans les limites du premier (2). L'action *locati* garantissait, on le voit, l'exécution des pactes adjoints au contrat au moins *in continenti*.

(1) 58, § 1, *Loc. cond.*
(2) 13, § 10, *Loc. cond.*

Celte règle s'applique évidemment à la *locatio operarum*, pour laquelle il suffit de l'énoncer.

b. Le bailleur doit exécuter son obligation dans les conditions du marché.

« Conductor omnia secundum legem conductionis « facere debet » (1).

Celte règle du louage de choses a ici son application. A propos de cette règle Labéon donne une décision qui montre l'esprit analytique des Romains. Après être tombés d'accord sur les plans on convient que l'ouvrage commandé, la maison à construire serait reçue par le *locator operis* ou son héritier. Puis le *locator* fait modifier le plan primitif. Son héritier, mécontent sans doute, agit *ex locato* contre l'entrepreneur pour inobservation de la convention. Labéon dit :

« Opus quidem ex lege dicta non videri factum sed « quoniam ex voluntate locatoris permutatum esset, « redemptorem absolvi debere » (2).

L'héritier évidemment se vit opposer l'exception *de dolo* ou *pacti conventi*.

L'ouvrier doit exécuter son travail non pas d'une manière quelconque, mais convenablement comme un ouvrier ordinaire. Il y aurait mauvaise foi de sa part à alléguer qu'il a loué ses services tels qu'il a pu les fournir. Ulpien nous le dit :

(1) 25, § 3, *Loc. cond.*
(2) 60, § 3, *Loc. cond.*

« Imperitiam culpæ adnumerandám scribit Celsus :
« si quis vitulos pascendos vel sarciendum quid polien-
« dumve conduxit, culpam eum præstare debere : et
« quod imperitia peccavit, culpam esse quippe ut arti-
« fex, inquit, conduxit » (1).

L'impéritie est une faute chez l'ouvrier comme chez
l'entrepreneur.

Les malfaçons sont à la charge du *conductor*, et on
assimile aux malfaçons les défauts qui tiennent à la
mauvaise qualité des matériaux fournis par lui (2). Il
ne s'en décharge que par la réception de l'ouvrage,
pourvu bien entendu qu'il ne l'ait pas obtenu par dol
(L. 24, pr. *l. c.*) (3).

SECTION II

INEXÉCUTION DES OBLIGATIONS

L'inexécution des obligations a pour cause ou le dol
du débiteur, ou sa faute, ou un cas fortuit. Le dol im-

(1) 9, § 5, *Loc. cond.*
(2) *Loc. cit.*, 51, § 1.
(3) C., *De oper. public.*, VIII, 12. Une constitution des em-
pereurs Gratien, Valentinien et Théodose assujettit les entrepreneurs de travaux publics à la garantie d'une durée de
quinze ans à compter de l'achèvement de l'ouvrage — Comparer 1792, C. c.

plique la mauvaise foi, la faute ; la négligence. Le cas fortuit est un cas de force majeure.

Dans les contrats de bonne foi, la théorie des fautes peut se résumer ainsi. La responsabilité du débiteur comprend toujours au moins le dol ou la faute lourde, assimilée au dol, rien ne lui permet de s'en affranchir. Elle ne comprend même rien de plus pour la partie qui est désintéressée dans le contrat, par exemple, pour le commodant, le dépositaire. Dans le cas contraire, le débiteur répond de sa faute légère sans distinguer si le créancier lui-même est intéressé dans le contrat (1). Cette faute légère s'apprécie en général *in abstracto*, et on ne déroge à ce principe qu'à l'égard de l'associé, au moins en ce qui concerne les contrats. Pour lui, la faute est considérée *in concreto* ; sa diligence n'est plus appréciée d'après le soin qu'un bon père de famille apporte dans l'administration de ses affaires, mais, d'après celui qu'il apporte dans les siennes propres.

La plupart des anciens interprètes ajoutaient un troisième échelon : la *culpa levissima*. Le débiteur était tenu de cette faute, lorsque le contrat ne concernait que son utilité propre. Cette théorie était basée sur des textes où les jurisconsultes parlant du commodataire

(1) Par exception le précariste, quoique obligé dans son propre intérêt, et dans son intérêt exclusif, n'est tenu que de sa faute lourde. Il en était de même des *agrimensores*. Ulpien, L. 1, § 1, XI, 6.

emploient des superlatifs, disent qu'il doit *præstare exactissimam diligentiam* ou se comporter en *diligentissimus paterfamilias* (L. 18 pr., *Commodati* ; L. 1, § 4, De oblig. et act.*).

Dans notre ancien droit, cette théorie des trois fautes régna longtemps et Pothier l'expose encore avec énergie; cependant, Doneau (1), Thomassin (2) et Lebrun la combattaient déjà. Aujourd'hui elle est repoussée universellement. Ces superlatifs n'ont aucune valeur, comme le montrent les § 2, 4, Inst., *Quib. mod. re contrah.*, III, 14. — On arrivait à méconnaître des dispositions formelles; ainsi, on établissait une différence entre le vendeur et le commodataire que les textes mettent sur la même ligne (L. 3, *De peric. et comm.*, XVIII, 6), et on traitait identiquement l'associé et le vendeur que pourtant les textes différencient bien nettement (Inst., III, § 3, *De empt. et vend.* ; § 9, *De soc.*). En outre, il n'y avait rien de logique à obliger différemment le débiteur qui a contracté dans son intérêt exclusif de celui qui rend un service en échange de celui qu'il reçoit. Paul nous dit (L. 226, D., L., 16, que la faute suppose une grande négligence : *magna negligentia culpa est.* Ducaurroy (3) ajoutait qu'une pa-

______

(1) *Comment. juris civilis*, lib. XVI, ch. VII et XIII.

(2) *De usu pratico doctrinæ culparum præstatione in contractibus.*

(3) Tome III, n° 1070.

reille symétrie lui semblait « trop systématique pour être parfaitement vraie ».

Nous avons ainsi réduit la base sur laquelle on essaie d'appuyer, en droit français, une semblable division des fautes (art. 1137, C. civ.).

La dernière cause d'inexécution des obligations est le cas fortuit. C'est tout événement que le débiteur n'a pu empêcher et qu'il n'a cependant pas provoqué. Il libère le débiteur.

Ces principes s'appliquent au louage. Le bailleur et le preneur seront tous deux responsables de leur dol, puisque le contrat est de bonne foi, et de leur faute, envisagée d'une manière abstraite, puisqu'il est à titre onéreux. Responsabilité, du reste, que des pactes adjoints peuvent étendre ou restreindre.

Après avoir exposé les principes généraux sur la prestation des fautes dans les différents contrats, Ulpien ajoute:

« Sed hæc ita, nisi quid nominatim convenit, vel
« plus, vel minus, in singulis contractibus; nam hoc
« servabitur quod initio convenit: legem enim con-
« tractus dedit: excepto eo quod Celsus putat, non
« valere, si convenerit *ne dolus præstetur*, hoc enim
« bonæ fidei judicio contrarium est, et ita utimur »
(L. 23, D. *De reg. jur.*, L, 17).

Il n'y a donc que le dol et la faute lourde dont on ne puisse s'exonérer. En dehors de cela, les parties sont libres de modifier à leur gré la responsabilité contractuelle. L'édit du préteur proclame du reste la liberté des conventions :

« Pacta conventa quæ neque dolo malo, neque ad-
« versus leges, plebiscita, senatusconsulta, edicta
« principum, neque quo fraus cui eorum fiat, factá
« erunt, servabo » (L. 7, § 7, *De pact.*, II, 14).

Lorsque l'une des parties étant en faute n'exécute point son obligation, il ne reste à l'autre qu'à demander en justice une réparation pécuniaire. — Il n'en est pas de même dans le Bas-Empire où la condamnation porte sur la chose même. Le débiteur est alors condamné à fournir la prestation convenue et peut même être contraint par corps. Lorsque la prestation pouvait être accomplie par un tiers, le créancier pouvait obtenir de le faire exécuter aux frais de celui qui l'avait promise.

Les actions *locati* et *conducti* étant des actions *bonæ fidei*, le juge pouvait tenir compte de tous les éléments d'appréciation dans le calcul des dommages-intérêts et indemniser complètement le demandeur.

Le juge prend en considération non seulement les conventions exprimées mais encore celles qui étant d'usage, doivent être sous-entendues et à plus forte raison les pactes adjoints. Dans les deux cas d'inexécution partielle ou totale le juge tiendra compte de toutes les fautes, de celles résultant d'un fait actif (ce qui a lieu dans les actions de droit strict), et aussi de celles résultant d'une omission.

Quant au montant de la condamnation lui-même, il est resté indéterminé dans la *formule*. Le juge condamnera à *quanti interest*, c'est-à-dire à des dommages-intérêts équivalant à l'intérêt que pouvait avoir le demandeur à l'exécution de la convention. Il fera entrer dans les dommages-intérêts, s'il l'estime convenable, le montant des intérêts même non convenus.

C'est le juge qui, sur l'indication de la partie lésée, apprécie le dommage. Mais en cas de dol il devait avoir un autre moyen que nous voyons accordé dans les actions de bonne foi. Alors il pouvait laisser au demandeur le soin de fixer, sous la foi du serment, le montant de la condamnation à intervenir. Mais, à moins que le défendeur ne fût particulièrement défavorable, le juge fixait un maximum qui ne pouvait être dépassé.

Voilà quel était le domaine des actions *locati* et *conducti*. Ce n'est que l'application des principes qui régissent les actions de bonne foi.

Ces actions pourraient donc parfaitement servir à indemniser l'une des parties des fautes commises par l'autre dans l'exécution de ses obligations. Mais les Romains ont ajouté une autre action qui, concurremment avec celles nées du louage, peut procurer cette indemnité. C'est l'action *legis Aquiliæ* qui a pour but la réparation de tout dommage causé sans droit *corpori* par un fait actif. Son caractère n'est point pénal en principe, mais elle peut le devenir. Elle procure, en effet, la plus haute valeur atteinte pas la chose dans le mois ou dans l'année et croît au double en cas d'*infitiatio*. Elle se donnait en cas de dol et de simple faute, mais en raison sans doute de son caractère rigoureux Ulpien nous dit qu'on peut s'exonérer à l'avance de la responsabilité qui pourrait l'amener (1).

Ulpien suppose que je donne à un artisan une coupe de marbre à ciseler. Au cours du travail la coupe est brisée. Si le bris provient d'un vice de la chose, d'une veine, par exemple, l'artisan n'a pas commis de faute; mais s'il est le résultat d'une maladresse, il sera responsable tant en vertu du contrat que de la loi *Aquilia*. — De même si un magister ou un patron blessent l'enfant qu'ils corrigent (L. 27, § 29, 5, § 3, D., *Ad leg. Aq.*, IX, 2). L'action était encore accordée contre le *medicus* qui avait mal soigné l'esclave (Ulp., L. 7, § 8, *Ad leg. Aq.*).

A propos de l'action aquilienne on peut se demander si les Romains ont nettement distingué la faute contractuelle de la faute délictuelle. Il est certain que l'action aquilienne ne se donnait qu'en cas de dommage résultant d'un fait positif. Certainement aussi les actions *locati* et *conducti* indemnisaient du préjudice causé par une faute active ou négative des contractants,

---

(1) Nous ne connaissons pas de texte donnant une pareille latitude en cas de dol. *Culpa magna dolus est*, 226, D., *De verb. sig.* L. 16.

mais quel est le champ d'application de chaque action?
On a essayé de le déterminer.

Supposons d'abord que le fait soit tel que la partie
n'encoure aucune responsabilité contractuelle et qu'il
n'y ait ni dol ni faute lourde. Par exemple, l'entrepreneur a brisé le vase non pas en le travaillant, mais en
le transportant. Alors le dommage a son principe dans
un fait autorisé par le contrat, il n'est pas contraire au
droit, l'action aquilienne ne saurait s'appliquer. Mais
si l'accident, au lieu d'être arrivé pendant le transport,
est arrivé pour avoir voulu montrer le vase à quelque
curieux, je serai tenu, car il y a eu une cause que la
convention n'autorisait pas (1).

Il se peut aussi que le contrat oblige la partie. Par
exemple, c'est en le travaillant que l'objet a été brisé.
Alors applique-t-on encore la loi Aquilia? Oui (L. 27,
§ 29, D., *Ad leg. Aq.*; L. 7, § 8, *id.*). Pourquoi, puisque
la faute est contractuelle, accorder une double action
contractuelle et délictuelle? C'est sans doute par cette
raison qu'un fait ne cesse pas d'être un délit par cela
seul qu'il est déjà prohibé par le contrat.

Cette distinction entre la faute commise dans l'exécution directe du contrat ou dans l'exécution indirecte
ne semble pas avoir été bien nette (V. 5, § 3, *Ad leg.
Aq.*).

(1) A l'appui de cette distinction créée par les commenta-
teurs on pourrait peut-être invoquer la loi 27, § 29, *Ad leg.
Aq.* V. Accarias, *Précis de droit civil*, II, § 682.

La question qui se pose est de savoir comment nos deux actions se combinaient. Était-on réduit à opter entre elles? Si l'une était intentée, l'autre était-elle, nécessairement éteinte? On pouvait choisir entre elles mais il semble bien qu'on ne pouvait les cumuler. Un texte d'Ulpien paraît nous le dire :

« Proculus ait, si medicus servum imperite secuerit, « vel ex locato, vel ex lege Aquilia competere actio- « nem » (L. 7, § 8, D., *Ad leg. Aq.*).

De même Paul, plus formel encore, prévoyant le concours de l'action aquilienne et d'une action contractuelle déclare à plusieurs reprises (1) que le demandeur devra se contenter de l'une d'elles : « Alteru- « tra contentus esse debet »; Gaius semble le dire aussi : « Si qua earum actum fuerit, aliæ tolluntur » (2).

Ce serait une erreur, selon nous, de prendre ces textes trop à la lettre. La règle c'est qu'on ne peut intenter successivement deux actions ayant le même objet :

« Quoties duæ concurrunt actiones, ejusdem rei « nomine, una quis experiri debet » (L. 43, § 1, *De reg. juris*, L. 17, Ulp.).

Cette règle s'applique certainement à nos deux actions en tant qu'elles tendent à une réparation ou, suivant l'expression des interprètes, qu'elles sont *rei*

---

(1) 18, *Ad leg. Aq.* — 43, *Loc. cond.* — 50, *Pro socio*, XVII, 2.

(2) 18, § 1, *Commod.*, XIII, 6.

persecutoriæ. Mais l'action de la loi Aquilia peut être, en outre, pénale. La condamnation qui y est prononcée, outre qu'elle croît au double en cas d'*infitiatio*, est mesurée non pas sur la valeur de l'objet au moment où la faute a été commise, mais sur sa valeur la plus haute dans l'année ou dans les trente jours qui ont précédé le délit. Dès lors, on peut admettre que dans la mesure où elle est pénale, cette action se cumule avec l'action contractuelle.

Cependant, la question était controversée, Paul nous le dit :

« Si tibi commodavero vestimenta, et tu ea ruperis,
« utræque actiones rei persecutionem continent, et
« quidem, post legis Aquiliæ actionem, utique com-
« modati finietur : post commodati, an Aquilia rema-
« neat in eo quod in repetitione triginta dierum am-
« plius est, dubitatur : sed verius est remanere, quia
« simplo accedit, et simplo subducto locum non ha-
« bet » (L. 34, § 2, *in fine*, *De oblig. et act.*, XLIV, 7).

On peut dire du louage ce que Paul dit du commodat. Je vous ai confié des vêtements à réparer, vous les déchirez : j'ai contre vous l'action *locati* et l'action *damni injuriæ*. Si j'intente d'abord celle-ci, la première est certainement éteinte ; mais si j'intente d'abord l'action *locati*, l'action aquilienne me reste-t-elle pour obtenir ce qu'elle peut me donner de plus, c'est-à-dire, la différence entre la valeur des vêtements au jour du délit et celle qu'ils pouvaient avoir précédem-

ment ? On pouvait soutenir la négative pour ce motif
que dans l'action de la loi Aquilia la peine n'est pas
une somme distincte, mais consiste seulement dans
une évaluation plus élevée du dommage, et qu'ainsi
elle est comme un accessoire de l'indemnité, dont elle
ne peut être séparée. Cependant, l'affirmative est plus
conforme aux principes. — Il est difficile de dire quelle
était l'opinion de Paul. Le fragment se termine par
une contradiction. Il faut dans le dernier membre de
phrase ajouter une négation ou en supprimer une, et
alors on fera adopter à Paul telle ou telle opinion.
Cujas a proposé la deuxième correction qui est plus
généralement admise ; on traduit ainsi la fin du paragraphe : « Il est plus sûr de décider que cette action
subsiste, car elle ajoute au simple, c'est-à-dire au
montant de l'indemnité, et, déduction faite de cette
indemnité, et elle a encore sa raison d'être. »

C'est bien, du reste, la doctrine que Paul semble
avoir sur le cumul des actions nées d'un même fait :

« Si ex eodem facto duæ competant actiones, pos-
« tea judicis potius partes esse ut, qua plus sit in reli-
« qua actione, id actor ferat ; si tantumdem, aut mi-
« nus, nil consequatur » (L. 41, § 1, *De oblig. et act.*,
XLIV, 7) (1).

---

(1) D'autres textes, au Digeste, nous montrent l'action
aquilienne exercée après une action contractuelle ou la *condictio furtiva* (7, § 1, *Commod.*, XIII, 6. — 2, § 3, *De priv. de
lic.*, XLVII, 1, Ulpien).

Les textes qui veulent réduire le demandeur à une option pure et simple s'expliquent par ce fait que la valeur des objets n'ayant pas varié, il n'y aurait aucun intérêt à intenter successivement les deux actions.

Mais en fait, le juge pouvait-il subordonner la condamnation de l'action *locati* à l'abandon de l'action aquilienne? Un texte de Paul semble nous le dire :

« Si vulneraveris servum tibi locatum, ejusdem vul-
« neris nomine legis Aquiliæ et ex locato actio est :
« sed alterutra contentus actor esse debet : idque judi-
« cis officio continetur apud quem ex locato agetur »
(L. 43, *Loc. cond.*). Et dans un autre Gaius est plus formel :

« Ipse quoque (*colonus*) si exciderit (arbores), non
« solum ex locato tenetur; sed etiam lege Aquilia, et
« ex lege duodecim Tabularum arborum furtim cæsa-
« rum, et interdicto quod vi aut clam; sed utique ju-
« dicis, qui ex locato judicat, officio continetur ut
« cæteras actiones locator omittat » (L. 25, § 5, *Loc. cond.*). Mais le demandeur ne devait sans doute renoncer à cette dernière action qu'en tant qu'elle aurait fait double emploi avec l'autre (1).

____

(1) Nous le pensons, malgré que le texte parle de l'action *arborum furtim cæsarum* qui aboutissait au double. Il faut l'interpréter largement en ce sens que l'action pourrait être encore intentée en ce qu'elle a de pénal. Un texte de Paul (1, *Arbor. furt. cæs.*, XLVII, 7) nous le montre à propos des deux actions *legis Aquiliæ* et *arborum furtim cæsarum* : « ... Sed

En somme, l'action aquilienne et l'action contractuelle ne se cumulent pas, mais se complètent.

Au lieu d'une simple faute, on peut supposer que
l'une des parties s'est rendue coupable d'un véritable
délit, comme d'un vol ; on appliquera les mêmes règles.

Supposons maintenant que le *locator*, ayant confié
ses habits au dégraisseur, celui-ci se les laisse voler.
Le *locator* n'a contre le *conductor* que l'action *locati*,
l'action *legis Aquiliæ* supposant un fait positif. Mais
contre le voleur il a d'autres actions *rei persecutoriæ et
pœnales*. Alors, de deux choses l'une : ou il vous est
facile d'agir contre le voleur, plus facile qu'au foulon,
et vous devez vous porter demandeur contre le premier ; ou, au contraire, vous ne pouvez facilement
agir vous-même, alors vous intenterez contre le foulon
l'action *locati*, en lui cédant vos actions qui lui per-
mettront d'obtenir satisfaction. Le juge est apprécia-
teur de ces faits ; il donnera suite ou non à l'action
locati introduite devant lui (L. 60, § 2, *Loc. cond.*) (1).

Les règles que nous venons de poser sont communes au louage de services et d'industrie. Nous allons

« Trebatius ait utramque dandam, ut judex in posteriore
« deducat id, quod ex prima consecutus sit, et reliquo con-
« demnet. »

(1) Il s'agit, bien entendu, de la cession des actions *rei
persecutoriæ* : *rei vindicatio, condictio furtiva*. — L'action *furti*
appartenait en propre au *conductor*, comme à toute personne
intéressée à la garde de la chose. Mais s'il était insolvable elle
faisait retour au propriétaire (12, *De furtis*, XLVII, 2).

nous occuper d'une hypothèse dans laquelle il y a lieu de tenir compte de règles particulières. Il s'agit du contrat de transport par eau. Le préteur a établi deux actions nouvelles que le *locator* pourra exercer :

1° L'une est une action *in factum*, destinée à assurer la restitution des objets dont l'*exercitor navis* s'est chargé. Cette action est à la fois préférable à l'action *locati*, et moins avantageuse. Préférable en ce que la preuve à faire est plus facile, et les chances de succès plus nombreuses. En effet, le *conductor* n'est tenu qu'à la diligence ordinaire du bon père de famille ; tandis que l'édit du préteur est rédigé de telle sorte qu'il est, dans tous les cas, garant des objets à lui confiés, que seule la force majeure le libère (1). Elle est donc plus facile à intenter. Mais elle est aussi plus compréhensive, s'appliquant aux choses pour le transport desquelles aucune *merces* n'est due (vêtements, provisions des passagers) (2). Elle est moins avantageuse en ce qu'étant une action subsidiaire, elle ne se cumule pas avec une autre, par exemple avec l'action *furti* contre le *conductor* qui se serait rendu coupable d'un vol (L. 3, § 5, D., *Nautæ caup.*, IV, 9).

2° L'autre action, à la différence de la première, est pénale, et à ce titre est intransmissible passivement. Elle est donnée contre l'*exercitor* qui a mal choisi ses

____

(1) 1, § 3, D., *Naut. caup.*, IV, 9.
(2) 1, § 6, 4, § 2, *eod. tit.*

matelots. Il a commis une faute personnelle. L'action est *in factum*, et peut être exercée contre l'*exercitor*, même après le décès du matelot coupable (L. 7, § 4, *cod. tit.*). Étant pénale, elle se cumule avec l'action *locati*.

SECTION III

DES RISQUES

Dans l'exécution de leurs obligations, les parties sont responsables de toute faute, mais non pas du cas fortuit.

Ce dernier les libère de toute obligation; les laisse-t-il créancières de l'obligation adverse? C'est la question des risques qu'on peut formuler ainsi : le *locator operarum*, le *conductor operis* ont-ils encore droit à la *merces*, lorsque c'est par un cas fortuit que la prestation n'a pas eu lieu?

1° *Locatio operarum*. — Si c'est le maître qui par un cas fortuit n'a pu utiliser le travail convenu, le *locator operarum* n'en a pas moins droit à la *merces*. C'est ce que dit Paul (L. 38, D., *Loc. cond.*) :

« Qui operas suas locavit, totius temporis mercedem
« accipere debet, si per eum non stetit, quominus
« operas præstet. »

Le risque, en ce cas, est donc pour le maître. Cela

peut s'expliquer; la décision est équitable, en raison
de l'intérêt que présente généralement la position
sociale du *locator operarum*. Mais il convenait de la
tempérer en la restreignant au cas où le *locator* avait
subi un préjudice. C'est ce que fait une constitution
rapportée par Ulpien :

« Cum quidam exceptor operas suas locasset, deinde
« is qui eas couduxerat decessisset, imperator Anto-
« ninus cum divo Severo rescripsit ad libellum excep-
« toris in hæc verba : cum per te non stetisse proponas
« quominus locator operas Antonio Aquilæ solveres, si
« eodem anno mercedes ab alio non accepisti, fidem
« contractus impleri æquum est» (19, §9, D., XIX, 2).

Le secrétaire d'Aquila obtint gain de cause, mais
uniquement parce qu'il ne s'était pas indemnisé ailleurs. C'est qu'en effet il était resté à la disposition du
conductor ou de ses héritiers.

Supposons maintenant que l'inexécution provienne
d'un empêchement survenu à l'ouvrier, à cet égard
une distinction s'impose. Si le cas fortuit tombé sur
le *locator* est indépendant de lui, rien ne s'oppose à ce
que nous appliquions la même solution : tout le monde
est d'accord. Mais en est-il de même si l'empêchement
a une cause qui lui est personnelle, par exemple en cas
de maladie? C'est lui en ce cas qui est cause de l'inexécution du contrat, dit M. Labbé (1); la circonstance

(1) *Etude sur quelques difficultés relatives à la perte de la
chose due.*

quoique fortuite lui est toute personnelle, aussi n'est-il
pas quitte de son obligation et ne peut-il exiger le
salaire. Et le savant professeur appuie son opinion,
malgré la généralité du texte de Paul, sur cette différence que l'ouvrier malade n'est pas resté à la disposition du maître, qu'il semblerait donc injuste de
l'obliger à payer la *merces*. Il invoque aussi un argument d'analogie, la décision donnée contre le *debitor
rei* lorsque la chose due a péri par son fait, indépen-
damment de toute faute. Il n'est pas libéré parce que
la cause lui est personnelle, il devrait en être de même
du *locator* malade. MM. Maynz et Accarias (1) donnent,
du texte de Paul une interprétation plus générale, plus
humaine, fondée sur la condition généralement néces-
siteuse des ouvriers. Ils voient dans la maladie du *locator* un risque pour le maître. Il nous semble, du reste
difficile de voir là un fait personnel du *locator*. On peut
dire qu'il n'a pas dépendu de lui qu'il exécutât son obligation : supposons qu'il ait été blessé par un tiers.

2° *Locatio operis*. — Dans la *locatio operis* on ne saurait
appliquer les décisions humaines que nous venons d'in-

(1) *Cours de droit romain*, II, p. 249, note 15. — *Précis
dr. romain*, II, p. 503. On ne saurait opposer la loi 38, § 1, D.,
Loc. cond., qui dispense les avocats de rendre leurs honoraires, « si per eos non steterit quominus causam agant »*.*
Elle s'explique, en effet, par cette idée que la préparation
de la plaidoirie justifie la retenue des honoraires. — Pothier.
Louage, § 168, a soutenu l'opinion que défend M. Labbé.

diquer et qui font bien quelque peu brèche à la rigueur du droit. Du reste les textes nous font défaut. Si la maladie empêche le *conductor operis* d'exécuter son obligation, il ne devra pas de dommages-intérêts n'étant pas en faute, mais il n'a pas droit à la *merces*.

A son égard, du reste, ce n'est point ainsi que se présente effectivement la question des risques. Dans l'exécution de son obligation sa personne n'est rien ou peu de chose. Il est débiteur d'un résultat, *opus perfectum*, comme l'autre l'était en quelque sorte de sa personne. C'est quand la *res* vient à périr, après sa confection et avant qu'elle ait été reçue par le maître qu'il importe de se demander qui supporte le risque. Si c'est l'ouvrier, il perd les matériaux accessoires qu'il a pu fournir et la *merces*; si c'est le maître, il perd la chose fournie par lui et doit payer le salaire. Lequel le supportera?

La question est réglée par la loi 36, D., *Loc. cond.* (Florentinus, lib. VII, Inst.).

« Opus quod aversione locatum est, donec adpro-
« betur, conductoris periculo est. »

« Quod vero ita conductum est ut in pedes mensu-
« rasve præstetur, eatenus conductoris periculo est
« quatenus admensum non sit.

« Et in utraque causa nociturum locatori si per
« eum steterit quominus opus adprobetur vel adme-
« tiatur.

« Si tamen vi majore opus prius interciderit quam

« adprobaretur, locatoris periculum est, nisi si aliud
« actum sit : non enim amplius præstari locatori opor-
« teat quam quod sua cura atque opera consecutus
« esset. »

Nous sommes donc en face de deux hypothèses qui
demandent à être envisagées séparément. Dans l'une
le travail a été considéré comme un tout indivisible, il
a été entrepris *per aversionem* ; dans l'autre il l'a été à
tant la mesure, *in pedes mensurasve*. L'intérêt de cette
distinction consiste en ce que, dans le premier cas, le
locator repoussant la divisibilité de l'obligation de l'ouvrier ne reconnaît point l'exécution partielle de l'obligation. Dans le second cas au contraire la prestation
est divisible et comme successive. Chaque fraction
exécutée par l'ouvrier lui donne un droit au payement
d'une partie correspondante de la *merces*. Ainsi l'un
ne permet pas qu'on exige la réception de travaux
inachevés, l'autre permet de l'exiger à tout moment.
Cela nous explique pourquoi l'ouvrier, dans un cas,
supporte toujours la perte des travaux inachevés, et
dans l'autre, point.

La question des risques que nous examinons suppose
donc que l'ouvrage nouveau est achevé ou, s'il ne l'est
pas, que le travail a été entrepris *in pedes mensurasve*.

La réception de l'ouvrage, il faut le noter, n'est pas
indispensable pour que l'ouvrier soit réputé avoir
accompli son obligation. Elle sert à constater cette

exécution, mais la *merces* est due dès que l'obligation est exécutée, dès que l'ouvrage est fait.

Ceci établi nous pouvons poser le principe qui va
ressortir du texte et qui est celui-ci : en droit le *locator
operis*, créancier d'un *opus perfectum*, supporte le
risque. Le *conductor* est d'une part libéré de son
obligation par l'*interitu rei*, et d'autre part reste créancier de la *merces*, rien n'étant venu éteindre l'obligation
du *locator* (1).

Voilà le principe. Si les Romains l'avaient formulé
ainsi, il en fût résulté que pour faire supporter au *conductor* la perte de la chose survenue par suite d'un vice
de construction ou de négligence dans la garde dont
il est tenu jusqu'à l'*adprobatio*, le *locator* eût eu la
charge de la preuve. Cette preuve est pour lui très
difficile, presque impossible, tandis que la preuve du
cas fortuit l'est moins pour le *conductor*. En outre le
cas fortuit ne se produit que rarement Toute cause
inconnue ou réputée étrangère est d'ordinaire la conséquence d'un vice de construction ou d'une négligence dans la surveillance, dans la *custodia*. Aussi a-
t-on présumé la faute du *conductor* jusqu'à ce qu'il ait
démontré que le cas fortuit allégué était un cas fortuit
réel. Tant qu'il n'a pas fait cette preuve il est présumé
en faute (et cela se conçoit puisque l'ouvrage a péri !),

---

(1) L'entrepreneur n'a droit au prix que dans la mesure
où il a exécuté son obligation.

il est présumé avoir mal confectionné son œuvre ou
l'avoir mal surveillée. S'il fait tomber cette présomption
le risque apparaît et pèse sur le *locator*.

Où le texte peut sembler un peu dur, c'est quand,
paraissant distinguer entre le cas fortuit et la force majeure, il impose au *conductor* la preuve de celle-ci sous
peine de n'avoir pas montré sa libération. Mais il ne
faut pas s'y tromper il s'agit d'une seule et même
chose. On veut seulement qu'il se justifie de tout reproche, la fin du texte le montre bien : « non enim
amplius præstari locatori oporteat, quam quod sua
cura atque opera consecutus esset. »

Florentinus eût pu nous dire : le risque est pour le
locator tant qu'il n'a pas prouvé la faute de l'ouvrier,
il renverse sa proposition et nous dit : la menace du
risque (*periculum!*) pèse sur le *conductor* tant qu'il n'a
pas prouvé le cas fortuit.

La charge de preuve seule, un peu lourde, pèse
donc sur l'ouvrier présumé en faute.

Cette interprétation a été soutenue par M. Labbé (1) :
« Voici, dit le savant professeur, la pensée du jurisconsulte ; la perte qui survient, le travail terminé, avant
que l'ouvrage ne soit reçu, tombe sur la tête de l'ouvrier ; il est difficile de vérifier, après la perte, si l'ouvrage était bien exécuté, la cause de destruction peut

____

(1) *Étude sur quelques difficultés relatives à la perte de la
chose due*, § 107.

même être douteuse, le doute s'interprète contre l'ouvrier qui n'a pas encore fait examiner et approuver son ouvrage. Mais si l'ouvrier est en mesure de démontrer que la destruction provient d'une cause de force majeure et nullement d'un vice dans l'accomplissement du travail, il rejette le préjudice sur le *locator operis* et peut exiger de lui le prix de l'ouvrage effectué.... L'ouvrier ne garantit, à celui pour le compte duquel il travaille, que le soin et l'habileté que comporte son état. Le maître ne saurait attendre du travail d'autrui un meilleur résultat que celui qu'il aurait obtenu par sa propre diligence et son labeur, la question d'habileté mise à part. Si le propriétaire d'un terrain avait acheté des matériaux et les avait édifiés luimême, une cause fortuite, renversant son œuvre, lui aurait fait perdre et la valeur de son temps et le prix des matériaux; il ne peut se plaindre d'être, dans la même circonstance, forcé de rembourser sans profit ce que l'ouvrier a dépensé » (1).

(1) La théorie que nous venons d'exposer a été soutenue avec une grande force par M. Maynz (*Cours de dr. rom.*, II, § 218) : « Bien qu'en théorie, dit-il, il soit hors de doute que le *periculum* est pour le maître, l'application de ce principe à la *locatio operis* ne laisse pas que de présenter des difficultés de fait. C'est pour les aplanir que la loi a établi les présomptions suivantes : si l'ouvrage périt avant qu'il ait été reçu ou approuvé, il est présumé avoir péri par la faute de l'entrepreneur, lequel, par conséquent, est responsable du dommage et ne peut même pas demander le payement des

La question devient donc uniquement une question de preuve. L'ouvrier échappe au risque en prouvant la force majeure. Jusque là il est présumé en faute et supporte les conséquences du doute (1).

Cette présomption de faute pèse lourdement et arbitrairement sur le *conductor*, aussi doit-elle être restreinte. Elle cesse lorsque le *locator* est en retard de fournir l'*adprobatio*. Dans ce cas, l'ouvrier n'a qu'à montrer qu'il avait exécuté son obligation pour pouvoir prétendre à la *merces*. Ce sera au *locator* à prouver la faute de celui-ci. Il ne peut dépendre de la mauvaise volonté d'une partie, d'aggraver la situation de l'autre (2).

matériaux qu'il aurait fournis. Par contre, l'ouvrage qui périt après avoir été reçu et approuvé par le maître est présumé avoir péri par cas fortuit. »

(1) Accarias, *loc. cit.*

(2) La responsabilité pèsera sur l'entrepreneur si le dommage provient de la mauvaise qualité des matériaux fournis par lui, s'il a obtenu l'*adprobatio* par des manœuvres frauduleuses ou s'il a fait sans autorisation des changements au plan arrêté.

A la théorie que nous venons d'exposer on oppose souvent la loi 15, § 6, D., *Loc. cond.*, pour dire que le principe du risque est qu'il retombe sur le *conductor*. On peut répondre qu'il s'agit là d'un cas particulier. Dans l'espèce le voiturier avait reçu d'avance, à titre de prêt, *pro mutua*, une somme d'argent qu'il avait la faculté de rembourser en effectuant certain transport. Le transport n'était donc point *in obligatione* mais *in facultate solutionis*. D'ailleurs la perte du navire

Cette décision résulte bien du texte de Florentinus et d'un autre de Javolenus.

« Si priusquam locatori opus probaretur, vi aliqua
« consumptum est, detrimentum ad locatorem ita per-
« tinet, si tale opus fuit, ut probari deberet (lib. VIII,
« *ex Cassio*, L. 37, *Loc. cond.*).

Tant que la force majeure n'était pas démontrée, on pouvait penser que sa destruction était une conséquence de sa malfaçon ou d'une négligence de l'ouvrier ; cette preuve faite, ou si le preneur est en retard de fournir l'*adprobatio*, on doit supposer la bonne exécution, car cela est vraisemblable et doit être présumé (1). C'est le retour aux principes.

Cette théorie est confirmée par Africain (L. 33, D., *Loc. cond.*).

« Si insulam ædificandam locasses, et solum cor-
« ruisset, nihilominus teneberis. »

Les textes que nous avons vus ne parlent que d'événements de force majeure, c'est-à-dire de causes extrinsèques de destruction. Mais il n'y a rien là de limitatif. Si l'ouvrage terminé le *conductor* ne répond pas de la *vis major*, il ne répond pas davantage du vice de la matière fournie par le maître.

« Si rivum quem faciendum conduxeras, et feceras,
« antequam eum probares, labes corrumpit : tuum pe-

n'est point, en thèse générale, une impossibilité absolue d'exécuter le transport convenu.

(1) Labbé, *op. cit.*

« riculum est. Paulus : imo, si soli vitio id accidit, lo-
« catoris erit periculum ; si operis vituo, tuum erit
« detrimentum » (Labéon, 62, *Loc. cond.*).

Il s'en décharge encore en prouvant que la construction avait été faite exactement d'après les instructions
du maître (L. 51, § 1, D., *Loc. cond.*).

Nous avons supposé que l'ouvrage entrepris ne devait être livré et reçu qu'après son entier achèvement,
opus aversione locatum. Il a pu être convenu au contraire que l'ouvrage serait examiné et reçu par frac-
tions : *ita conductum ut in pedes, mensurasve præstetur.*
Dès qu'une fraction a été approuvée, le prix de cette
fraction est acquis à l'ouvrier et une perte fortuite ne
saurait lui préjudicier, le maître étant comme toujours
responsable du retard qu'il apporterait à l'examen et
à la réception de l'ouvrage.

Un texte de Javolenus semble en contradiction
avec ce que nous avons dit de la différence entre l'ouvrage entrepris *per aversionem* et celui qui peut être
reçu par portions :

« Marcius domum faciendam a Flacco conduxerat :
« deinde operis parte effecta terræ motu concussum
« erat ædificium. Massurius Sabinus, si vi naturali, ve-
« luti terræ motu, hoc acciderit, Flacci esse pericu-
« lum » (lib. 5, *ex Labeonis post.*, L. 59, D., *Loc.
cond.*).

Ne semble-t-il pas, dit M. Labbé, que la maison a
été considérée comme un tout indivisible. Or, Flaccus

n'a jamais eu de maison dans son patrimoine puisqu'elle n'a jamais été terminée, et cependant le jurisconsulte lui impose l'obligation de supporter le dommage et de payer une partie du prix proportionnelle à ce qui avait été exécuté. « Ainsi le propriétaire du sol payera la moitié par exemple, du prix de la maison et n'aura jamais eu en échange dans son patrimoine une moitié de maison car une maison construite à moitié n'est pas une moitié de maison, elle n'offre pas pour partie l'utilité qu'offre une maison entière. Nous avons peine à trouver la justification de la décision de Javolenus ; le jurisconsulte a sans doute été touché de ce que les matériaux façonnés et placés sur le sol du locateur étaient devenus la propriété de ce dernier et avaient produit dans sa fortune une plus-value : « Redempto- « res qui suis cæmentis ædificant statim cæmentum « faciunt eorum in quorum solo ædificant (1). » Aussi M. Labbé propose de restreindre à l'hypothèse de la construction d'une maison la décision de Javolenus, en raison du motif qui la peut expliquer. Pour toutes les autres hypothèses du louage d'ouvrage, on reviendrait au principe que nous avons exposé en décidant que lorsque le travail est entrepris à tant la mesure, alors seulement, la perte par cas de force majeure de travaux inachevés est aux risques du maître qui doit la *merces* proportionnellement à l'avancement des travaux.

(1) Ulp., 39, D., *De rei vend.*, VI, 1.

L'explication qu'en donne le savant professeur n'est à son sens qu'un pis-aller, et il faut avouer qu'elle tend à confondre deux choses bien distinctes, l'enrichissement du *locator* et l'exécution par le *conductor* de ses obligations. C'est cette dernière qui permet au constructeur de demander le prix du louage lorsque la maison achevée a péri *vi majore*. Ayant exécuté son obligation il a droit à la prestation correspondante, mais tant que la maison considérée d'une manière indivisible n'est pas achevée, il n'a pas rempli son obligation, et ne peut donc légitimement rien réclamer.

Ce qu'il faut considérer c'est l'intention des parties et cela uniquement. Elle seule nous dira en dehors de toute idée d'enrichissement si les obligations donnant droit à la *merces* ont été exécutées. Un texte de Labéon l'indique bien (L. 10 pr., D., *De lege rhodia de jactu*, XIV, 2).

Au lieu de voir dans le texte de Javolenus une exception (1) injustifiable, ne pourrait-on pas dire que le jurisconsulte suppose que la construction de la maison a été entreprise *in pedes mensurasve* ? Rien ne s'y oppose.

Lorsque l'ouvrage a été ainsi entrepris *per aversionem* et qu'il périt en cours d'exécution, on peut se

(1) Javolenus pose lui-même le principe dans la loi 37, D., *Loc. cond.* « Si prius quam locatori opus probaretur, vi aliqua « consumptum est, detrimentum ad locatorem, ita pertinet, « *si tale opus fuit, ut probari deberet.* »

demander si le *conductor* a droit à la *merces*, s'il prouve que la perte de la chose provient du vice de la *substantia* fournie par le maître. Pourquoi pas ? les textes ne s'y opposent pas (L. 13, § 5, D., *Loc. cond.*), et la chose est certaine si le *locator* connaissait le vice de la matière.

— Le Code civil n'a pas suivi la règle romaine bien qu'elle ait été adoptée par Pothier (*Louage, loc. cit.*). L'art. 1790 fait peser le risque sur l'ouvrier, à moins qu'il ne prouve que la chose ait péri par le vice de la matière.

APPENDICE

LOCATIO IRREGULARIS

Le louage d'ouvrage peut présenter d'autres éléments qui rendent la nature du contrat complexe et
douteuse. On dit alors qu'il y a *locatio irregularis*.

C'est d'abord le cas prévu par Justinien aux Institutes qui se demande s'il y a louage lorsque l'orfèvre
fournit l'or des anneaux qu'il vend. La solution faisait
doute, paraît-il, avant Justinien. L'empereur voit
dans la convention une vente. Dans ce cas, assurément, la question des risques était facile à trancher
contre l'orfèvre tant que les anneaux n'étaient pas
agréés, puisqu'il était vendeur.

Il est une autre hypothèse, celle où le *conductor
operis*, un voiturier, s'est chargé de transporter des
blés appartenant à différentes personnes qui les ont
confondus en une masse. Arrivé à destination, le batelier doit rendre la quantité qu'il a reçue, mais il n'est
tenu qu'à cela. Il est débiteur d'une quantité et non
d'une *res certa*. Il ne saurait être alors question d'une

libération par cas fortuit. Ce n'est pas un louage pur,
car la véritable obligation du batelier est plutôt de remettre à un endroit déterminé une certaine quantité de
blé. On pourrait supposer également que j'ai donné à
un meunier une certaine quantité de froment pour
qu'il me rende une certaine quantité de farine, Aussi
la question des risques et périls doit-elle être résolue
comme dans le *mutuum*.

CHAPITRE V

Le louage finit régulièrement par l'exécution du travail convenu, ou s'il s'agit du louage de services par l'expiration du terme. Mais ce dernier contrat prend une nouvelle vie par la tacite reconduction (1).

Il peut également cesser par suite de la volonté commune des parties, d'un *mutuus dissensus*. Mais en est-il de même de leur volonté unilatérale. M. Maynz (2) le soutient en se fondant sur ce qui est décidé à l'égard de la société. Nous ne le pensons point cependant. Un seul texte suppose ainsi la convention rompue par la seule volonté d'une des parties, la loi 60, § 4, D., *Loc. cond.*, mais se réfère à une hypothèse spéciale, celle où le *locator villæ ædificandæ* a été induit en erreur par le *conductor*, où il est constant que les frais de l'entreprise dépasseront sensiblement le devis de l'entrepre-

(1) L. 22, C., *Loc. cond.*, IV, 65.
(2) Maynz, *loc. cit.*, § 219. — Comp. 1794, Code civil qui le décide pour le louage d'industrie.

neur. Assurément il faut excepter aussi le cas où dans la *locatio operarum*, l'engagement aurait eu lieu pour une durée indéterminée.

La mort du bailleur est aussi une cause d'extinction du contrat, et il en est de même de tout événement fortuit qui le mettrait hors d'état de travailler. Cela est absolu pour le *locator operarum*, mais non pour le *conductor operis*. La mort de ce dernier ne mettra fin au louage que si son individualité était un élément essentiel de la prestation. Sans cela, sa mort comme celle du preneur (*locator operis, conductor operarum*), est sans influence sur le sort du contrat; ses droits et ses obligations sont évidemment transmissibles (1).

Nous avons vu l'effet de l'inexécution des obligations.

Ajoutons enfin le cas où l'exécution du travail est devenue impossible.

(1) Nous sommes en face d'une obligation ordinairement indivisible, aussi le *locator* et le *conductor operis*, pourront agir *in solidum* contre les héritiers de l'autre partie. L'héritier condamné aura un recours contre ses cohéritiers.

DROIT FRANÇAIS

DU LOUAGE DE SERVICES

AVANT-PROPOS

Après la vente le louage de services est certainement
de tous les contrats celui qui a une importance pratique la plus considérable ; mais tandis que la vente a
été réglementée longuement et minutieusement, le
louage de services fait dans le Code civil l'objet des
trois seuls art. 1710, 1780, 1781. Quand on considère
les nombreuses questions que soulève actuellement ce
dernier contrat on peut lui faire au législateur un
reproche de ce laconisme (1).

(1) Différentes lois ont cependant, à certains égards, réglé
les conditions de l'industrie. Voir notamment : loi du 22 germinal an XI, relative aux manufactures, fabriques et ateliers ; arrêté du 9 frimaire an XII, relatif aux livrets d'ouvriers ; loi du 14 mai 1851 sur les avances faites aux ouvriers ;
loi du 22 juin 1854 sur les livrets ; loi du 23 mai 1864, modifi-
cation des art. 414, 415, 416, C. p. ; loi du 19 mai 1874 sur
le travail des enfants dans les manufactures ; décret du 31 octobre 1882 ayant même objet ; loi du 16 février 1883 sur la
durée du travail.

1.

Nous ne sommes pas un administrateur *quand même* du Code civil, et nous croyons que si ses rédacteurs avaient trouvé sur notre matière des précédents capables de les guider, ils les eussent reproduits ici tout aussi bien qu'ailleurs. Mais ils devaient trouver peu de chose, les corporations abolies, et on doit même leur savoir gré de n'avoir point, en 1804, traité une question aussi délicate que celle des rapports entre maîtres et domestiques, patrons et ouvriers.

Ils ont cru que la liberté, jointe peut-être à un dernier vestige du principe d'autorité, suffirait à assurer la paix sociale, à éviter les contestations entre les *employeurs* et les *employés*. Mais, dès le milieu de ce siècle, ils devaient recevoir un démenti formel (1). Il n'y a plus dans le louage de services que deux parties égales. L'une n'est plus chargée de gouverner et, par un certain *patronage*, d'assurer l'existence et le bien-être moral et intellectuel de l'autre lui donnant en retour respect et obéissance.

On peut dire aussi que maintenant le louage de services appelle une refonte complète de notre titre. Il est à souhaiter que le législateur, s'il peut le faire d'une main prudente, résolve bien des difficultés qui se posent dans la pratique et que nous verrons dans la première partie de ce travail. Pour n'en citer que quelques-unes, il pourrait peut-être nous dire quand il y

____

(1) L. du 2 août 1868 qui a supprimé l'art. 1781, C. c.

aura louage et quand il y aura mandat, quand des dommages-intérêts seront dus en raison du congé donné, quel est le caractère de l'action directe des ouvriers et s'il ne conviendrait pas de rendre insaisissable le salaire de ces derniers (1).

L'ouvrier a besoin de protection. Il est exploité par des traitants qui tirent parti d'habitudes vicieuses, au point qu'il est peut-être intéressant de se demander s'il ne convient pas de donner à sa femme une plus grande indépendance. Chez la femme l'éducation morale est moins affaiblie d'ordinaire et l'amour des enfants plus développé (2).

Mais, ce n'est pas tout, l'ouvrier qui travaille et qui n'a plus de patrimoine corporatif est exposé à tous les inconvénients de l'âge, des maladies et des accidents qui, avec le chômage, forment la question sociale. Les premiers maux n'ont plus leur remède dans la saine constitution, dans la solidarité de la famille; ils peuvent l'avoir dans l'assurance. Dans la seconde partie de ce travail, nous étudierons la responsabilité du patron en cas d'accident. Nous montrerons que si l'on veut

---

(1) (2) V. sur les projets de réforme du Code civil la publication d'une communication faite à l'Académie des sciences morales et politiques, *Le Code civil et la question ouvrière*, par M. Glasson, membre de l'Institut, professeur à la Faculté de droit de Paris, que nous aurons souvent l'occasion d'invoquer. V. *Contra*, A. Desjardins, *Revue des Deux Mondes*, 15 mars 1888.

rendre le patron responsable des accidents dont la cause est inconnue, il faut recourir à l'intervention législative.

Nous dirons enfin qu'il y a quelque chose à faire. mais, s'il est possible, sans recourir au socialisme d'état.

CHAPITRE PREMIER

Le louage de services a une compréhension plus
grande que ne semble l'indiquer le Code. La rubrique
de notre section I, venant commenter l'art. 1779, § 1,
ne parle que des domestiques et des ouvriers ; il est
bien certain cependant qu'il n'y a pas que les serviteurs, les personnes vivant d'un travail manuel qui
soient des bailleurs de services.

L'art. 1779, il est vrai, semblait donner du contrat
une définition plus large. Il nous parle des « gens de
travail » ; mais veut-il entendre par là tous ceux, quels
qu'ils soient, qui louent leur activité moyennant salaire.
On a soutenu que telle était la pensée du législateur,
en invoquant les articles 1711 et 2271. Le doute est
permis ; le terme prêtant tout au moins à équivoque.

Mais nous dirons qu'il y a louage de services toutes
les fois que, moyennant salaire, une personne met son
travail à la disposition d'une autre — qui se réserve
de l'exploiter. C'est ce deuxième caractère qui distingue

le louage de services du louage d'industrie dans lequel le bailleur conserve la direction de son travail qu'il exploite lui-même. Dans l'un, l'engagement a lieu au temps ; dans l'autre, il est fait à la tâche.

Notre définition comprend en première ligne, et sans conteste, les domestiques et les ouvriers. Par *domestiques*, on entend les serviteurs à gages, donnant leurs soins à la personne ou au ménage du maître ou qui l'aident dans les travaux agricoles. Ils se distinguent des ouvriers, en ce qu'ils sont constamment sous la main du maître, logent et vivent dans sa maison. Mais on doit les distinguer également d'autres personnes vivant dans la maison du preneur, et qui n'exercent point un métier servile, tels que les aumôniers, secrétaires, précepteurs, intendants, clercs, commis de marchand, etc. (1). Les serviteurs se livrent à un travail principalement manuel.

Les *ouvriers*, bailleurs de services, sont tous ceux qui, sous la direction d'un patron, se livrent à un travail corporel en engageant leur temps. Ils louent leurs services à la journée ou à l'année. Ils sont d'ordinaire à la disposition du patron, et travaillent sous sa surveillance, mais cela n'est pas indispensable.

(1) Pothier. — V. *Contra*, Rouen, 10 juillet 1843. Sirey, 1844, 2, 34. — En ce qui concerne les agents d'assurances, les journalistes et les employés de chemins de fer, diverses questions ont été soulevées que nous étudierons à la durée du louage.

Il y a intérêt à distinguer les domestiques et ouvriers des autres bailleurs de services au point de vue de la prescription des salaires et du juge compétent en cas de contestation. (Voir aux chapitres spéciaux.)

Quant aux personnes qui, sans être domestiques ou ouvriers, louent leurs services, le nombre en est considérable. On est d'accord pour y ranger certaines professions, celles en général qui ont un caractère manuel ; le concierge, le jardinier, les commis, clercs, tous les employés de commerce et d'industrie, les directeur et facteur d'un établissement pour le compte d'autrui (1). On l'admet encore assez généralement pour le précepteur, l'artiste dramatique (2).

Mais en est-il de même de toutes les personnes qui, moyennant une somme d'argent, mettent leur activité au service de quelqu'un ? La difficulté provient de l'analogie très grande qu'il y a entre le louage et le mandat. L'un est un contrat par lequel une personne s'oblige à faire pour une autre un travail déterminé, moyennant un prix convenu (art. 1710). Le mandat est un contrat par lequel une personne donne à une autre pouvoir de faire quelque chose pour elle et en son nom (art. 1984). Il peut aussi être salarié (article 1986). Ainsi donc, dans les deux cas, nous avons une personne qui fait quelque chose pour une autre,

(1) V. *Contra*, Rouen, 10 juillet 1843, *précité*.
(2) Gouget, Merger et Ruben de Couder, *Dict. dr. com.* Vᵒ *Théâtre*, nᵒˢ 118-182.

met son activité au service d'autrui en retour d'une somme d'argent.

Comment distinguer ces deux conventions ?

L'intérêt de la question provient de ce que les règles du louage sont différentes de celles du mandat, notamment en ce qui concerne le règlement des indemnités, la juridiction compétente.

D'après un parti considérable de la Doctrine (1), il y a louage de services lorsque l'acte accompli, étant purement mécanique et matériel, constitue à proprement parler une œuvre servile. Au contraire, il y a mandat si l'acte est plutôt intellectuel que matériel, comme le sont en général ceux qui se rattachent à l'exercice d'une profession libérale.

Le premier est appréciable en argent, le second ne l'est pas au sens propre du mot. L'un a pour contre-partie le salaire (*merces*), le second une rétribution appelée *honoraires*. Il en résulte que ce dernier ne peut faire l'objet du louage, car le salaire est de l'essence du louage et les honoraires ne sont pas un salaire. Les Romains excluaient déjà du louage les professions libérales qui ne comportaient point de *merces*. Nous devons à leur exemple, dit-on, les faire rentrer dans le mandat qui déjà à leur époque n'excluait point l'*honorarium*. Les textes ne nous disent-ils point que toute

(1) Pothier, *Mandat*, n°s 26 et suiv. — Merlin, *Rép.* V° *Notaire*, § 6, n° 4. — Troplong, *Louage*, II, n° 799. — Championnière et Rigaud, II, p. 426.

convention qui gratuite, constitue un mandat, devient
louage par l'intervention d'un salaire, et l'on sait que
l'*honorarium* n'enlève point à la convention son caractère de gratuité. On doit encore décider ainsi.

A cette opinion, M. Duvergier (1) a fort bien ré-
pondu et son sentiment semble prévaloir aujour-
d'hui (2). La stipulation d'un véritable salaire n'est pas
incompatible avec l'essence du mandat sous l'empire
du Code (art. 1986), et la distinction des arts mécaniques
et libéraux ne se conçoit pas. Celle-ci n'est du reste
pas souvent aussi nette qu'on le croirait au premier
abord ; souvent l'intelligence joue un plus grand rôle
dans la fabrication d'une machine que dans la composition d'un livre ou d'une œuvre d'art. En outre, le travail intellectuel est susceptible d'évaluation pécuniaire tout aussi bien que le travail physique. Il en
était ainsi à Rome, où, si les professions libérales ne
faisaient pas alors l'objet d'un louage, il fallait l'expliquer par des motifs qu'il serait arbitraire de transporter dans notre droit. La distinction entre le salaire et
les honoraires qui, à Rome, ne différenciait pas seule
le louage du mandat, n'a plus de raison d'être en face de

(1) *Louage*, n°⁵ 805 et suiv.
(2) V. Aubry et Rau, IV, § 371, note 1. — Pont, *Petits contrats*, I, n°ˢ 823 et suiv. — Sourdat, II, n° 913 *ter*. — Glasson,
loc. cit., p. 14. — Laurent, XXVII, p. 332. — Paris, 14 août
1852, P., 1852, 2, 571.

l'art. 1986 du Code civil qui permet au mandat d'être salarié.

Dans l'un comme dans l'autre on trouve l'obligation (l'art. 1986 est péremptoire !) de faire une chose moyennant un prix. Mais celui qui loue son travail agit en son nom, les actes qu'il fait émanent de sa volonté et de sa capacité personnelles ; au contraire, le mandataire agit au nom du mandant, c'est la capacité du mandant et sa volonté qui donnent force et effet à ses actes. C'est ce qui différencie réellement les deux contrats. A l'appui de cette doctrine, M. Duvergier invoque la disposition par laquelle le Code a déterminé le caractère et les effets du mandat, notamment les art. 1984, 1997, 1998, 2004, 2007 du Code civil et aussi la maxime : *Qui mandat ipse fecisse videtur.*

Mais le dernier défenseur de la première opinion, M. Troplong, se récrie que nous sommes en « contradiction avec tous les textes (L. 1, § 4, 26, § 8, *Mandati* — 22, *Præs. verb.*) et avec l'idée que de tout temps on s'était faite du mandat » ! L'art. 1984, dit-il, est très vague et définit plutôt la procuration que le mandat.

On peut répondre que les lois 26, § 8, *Mandati*, et 22, *Præs. verb.* ne sont point invocables contre nous, car elles font évidemment allusion à une gratuité qui repousse même l'*honorarium* (1). A Rome, la gratuité

______

(1) Dans la loi 22 il s'agit des travaux d'un tailleur et dans la loi 26, § 8, de l'enseignement d'un esclave, à propos desquels on ne conçoit guère des honoraires différant du salaire.

est de l'essence du mandat (L. 1, §.3, *Mandati*). Quant au caractère élevé de certaines professions, il ne servait point à différencier le louage du mandat (V. 22, *Præs. verb.* et 1. 26, § 8, *Mandati*). S'il en avait été ainsi, comment n'eût-on pas, à ceux qui exerçaient des professions libérales et réclamaient des honoraires, accordé une action tirée du mandat au lieu de la *persecutio extra ordinem* dont parlent les textes.

C'est qu'au caractère de gratuité, il faut ajouter quelque chose de plus, cette idée de représentation que nous avons indiquée et qui ressort bien d'un texte de Justinien (Inst., III, XXVI, 1) : « Mandantis tantum « gratia intervenit mandatum, veluti si quis tibi man- « det ut negocia ejus geres, vel ut fundum ei emeres, « velut pro eo sponderes. »

Qu'on le rapproche de l'art. 1984! « Le mandat « ou procuration est un acte par lequel une personne « donne à une autre le pouvoir de faire quelque chose « pour le mandant et en son nom ». N'est-ce pas le mandat qui est défini! Si c'est la procuration, comme le veut Troplong, on voit que le Code l'assimile au mandat. Que vient faire ici le caractère libéral des professions ? — Quelle que soit l'opinion de Pothier (1), on peut ne pas s'arrêter mais s'étonner qu'on invoque « l'idée de tous les temps ».

____

(1) V. dans notre sens Cujas, *Com. des réponses de Papinien*, liv. III, sur la loi 7, *Mand.* — *Observationes*, lib. II, c. 27. — Coquille, *Quæst.*, 127°.

Si on trouve les professions libérales trop nobles pour faire l'objet d'un louage (ce qui nous paraît tout au moins suranné), qu'on dise avec MM. Aubry et Rau et Guillouard qu'elles ne peuvent faire l'objet d'un engagement civilement obligatoire (1), mais qu'on ne force point la nature du mandat.

Mais, est-ce à dire que toutes les fois qu'un préposé salarié agira au nom et comme représentant de son commettant, il y aura mandat et non louage de services? Ce serait exagéré! Le contremaître chargé de la direction de l'atelier, agit bien au nom du mandant et comme son représentant, on ne dira pas qu'il est un mandataire. De même pour un chef de gare, son rôle n'est pas tant de représenter la compagnie que de veiller à l'exploitation, à l'exécution du service. Il est un employé supérieur.

Il y a souvent un mélange de louage de services et de mandat; les tribunaux auront à apprécier quel caractère l'emporte sur l'autre et détermine le contrat. Par exemple, le voyageur de commerce est-il un employé ou un mandataire? De même pour l'inspecteur

(1) Cette manière de voir peut se comprendre pour le barreau de Paris qui refuse à ses membres toute action en payement d'honoraires. MM. Aubry et Rau déclarent cependant que s'il leur fallait opter dans la controverse, c'est à l'opinion de M. Duvergier qu'ils se rallieraient (IV, § 371 *bis* et note 1). — V. Guillouard (*Louage*, n° 696), qui cependant déclare (n° 688) que si aucun prix ne devait être payé il n'y aurait plus louage, mais mandat.

d'une compagnie d'assurances qui, après l'incendie, se rend sur le lieu du sinistre afin d'évaluer l'étendue du dommage éprouvé par l'assuré et de fixer le montant de l'indemnité. Pour l'ouvrier même, la question peut se poser et elle s'est posée dans l'espèce suivante :

Un voyageur avait blessé un homme d'équipe d'une compagnie de chemins de fer, au moment où il était chargé d'une surveillance administrative spécialement attachée à son service. Celui-ci intenta contre la compagnie une demande en dommages-intérêts. Il s'agit de savoir si, dans l'exercice de cette surveillance, où il représentait évidemment la compagnie, il était homme de services à gages ou mandataire. Dans le premier cas, il ne pouvait obtenir une indemnité de la compagnie à raison de l'accident, que s'il prouvait la faute de celle-ci (art. 1382). Dans le second cas, il avait droit à cette indemnité en justifiant seulement du préjudice subi dans l'exercice de son mandat sans autre preuve à faire (1). Dans l'espèce, l'homme d'équipe ne pouvait prouver aucune faute de la compagnie. Il obtint cependant gain de cause devant la Cour de Chambéry qui décida que, dans l'exercice de cette surveillance, il n'était pas un homme de services à gages, mais un mandataire (art. 2000). Pourvoi en cassation. La Cour,

(1) Nous combattrons plus loin la jurisprudence qui base dans le louage de services sur l'art. 1382 la responsabilité du patron en cas d'accident, mais sans modifier pour cela la charge de la preuve.

écartant à bon droit l'idée de mandat, appliqua les
règles du louage de services, en se fondant sur ce que
« cet employé était un homme de services à gages, et
« que la surveillance dont il était chargé était spé-
« cialement attachée à son service (1) ».

Ce qu'il faut ajouter, c'est que le mandataire est une
personne qui rend un service. Cela explique pourquoi
il est traité si généreusement (art. 2000). S'il n'apparaît pas clairement que les parties aient voulu faire
un mandat plutôt qu'un louage de services, il faut, dit
la Cour de cassation, voir de plus si l'acte litigieux
rentre ou non dans la fonction du préposé, et l'on ne
pourra appliquer les règles du mandat, les garanties
propres à ce contrat, qu'au préposé qui aura fait librement et volontairement, par complaisance ou dé-
vouement, un acte auquel le contrat qui le lie au patron,
lui permettait de se refuser (C., 24 janv. 1882, déjà
cité).

Le contrat de remplacement militaire était un véritable louage de services. L'art. 24 de la loi de 1832,
sur le recrutement de l'armée, le déclarait régi par
les principes du droit civil.

(1) Chambéry, 11 août 1880, sous Cass., 24 janv. 1882; S.,
82, I, 209.

CHAPITRE II

Le Code ne soumet le louage de services, à la différence du louage de choses, à aucune règle spéciale quant à sa preuve. Les parties sont donc libres de contracter verbalement ou par écrit; et, pour la preuve, on appliquera les principes généraux. Elle ne pourra être testimoniale au delà de la somme de 150 francs que dans les conditions exigées par la loi; mais en deçà de cette somme, ce mode de preuve sera admis.

Pour savoir si l'objet du contrat est supérieur ou inférieur à 150 francs, il faut calculer à quelle somme s'élève le prix du bail pour toute sa durée. Ainsi, vous engagez un domestique à raison de 50 francs par mois, et pour une année; la preuve testimoniale ne sera pas admissible.

Dans certains cas, il est d'usage de donner des *arrhes*. C'est ce qui a lieu pour l'engagement des domestiques. Ces arrhes sont, en ce cas, purement symboliques, et forment ce qu'on appelle vulgairement le *denier à Dieu* (1). Jusqu'à ce qu'elles soient données, la convention reste à l'état de projet, et n'est pas obligatoire; mais, dès qu'elles le sont, les parties sont liées. Les arrhes peuvent avoir une autre signification. Au lieu de constater l'existence du bail, elles servent parfois de sanction à la convention. Chacun conserve la faculté de se dédire, de renoncer à la convention. Si c'est le preneur qui répudie le bail, il perd les arrhes qu'il a données; si c'est le bailleur, il est obligé de payer le double. La seule difficulté est de savoir quand les arrhes seront un symbole, quand elles seront la peine d'un dédit. Il faut, selon l'opinion commune, s'attacher à leur importance relativement au prix du bail. Elles ne sauraient être une peine lorsqu'elles sont à son égard insignifiantes (2).

Le Code civil contenait sur la preuve du louage une disposition qui a été abrogée par la loi du 2 août 1868. L'art. 1781 portait qu'en cas de difficulté sur le montant des gages, sur le payement des salaires de l'année échue, sur celui des acomptes donnés pour l'année courante, le maître ou le patron était cru sur son affirmation confirmée par serment. Le Code avait compris qu'entre deux affirmations différentes il convenait de s'en rapporter à la moins suspecte. Celle du maître lui avait paru telle, en raison certainement du carac-

----

(1) Il n'est pas d'usage de le donner aux ouvriers, gens de peine et journaliers.

(2) V. Dijon, 15 janvier 1845; D. P., 1845, 2, 109.

tère plus élevé qu'il possède d'habitude et de l'intérêt de l'affaire modique à son égard. Peut-être aussi était-ce un reste du principe d'autorité. Cette disposi-tion, qui nous venait d'une très ancienne jurisprudence du Châtelet et du Parlement de Paris (1), a été pure-ment et simplement abrogée. Cette innovation, pour-suivie dans un but exclusivement politique (on n'a pas supprimé l'art. 1716 qui contient une disposition tout aussi peu égalitaire !), n'avait cependant pas sa raison d'être. Entre maîtres et domestiques, patrons et ou-vriers, l'usage n'est point de recourir à des écrits. Le maître devra donc le faire : car, sans cela, si l'objet de la contestation est inférieur à 150 francs, quand l'ou-vrier aura, ce qui est facile, prouvé par témoins l'exé-cution de son obligation, lui sera dans l'impossibilité, presque absolue de prouver sa libération. Et comme si l'ouvrier ne sait point lire et signer, on ne conçoit point qu'on recourre à une quittance notariée, il faut reconnaître que le maître est à la merci de l'ouvrier, toujours tenté de l'exploiter. Lorsque l'objet de la demande sera supérieur à 150 francs, comme la preuve testimoniale ne sera pas admise (2), et qu'aucun écrit encore n'aura été rédigé, l'ouvrier demandeur sera

(1) V. aussi les déclarations royales des 28 juillet 1572 et 21 novembre 1577. — Un règlement du 7 février 1567.

(2) Excepté si le patron est commerçant et que l'ouvrier intente son action devant la juridiction commerciale. — V. aux tribunaux de commerce.

2.

donc bien obligé de déférer au maître le serment, c'est-à-dire de revenir à l'art. 1781. Double conséquence qui montre que cet article était dans la nature des choses ; mais il choquait la pudeur égalitaire ! Cet article subsiste encore en Belgique.

Les conditions de fond du louage sont celles qui régissent tous les contrats. Le consentement ne doit point être vicié, l'objet doit être licite et possible, le prix réel.

Pour qu'il y ait louage, il faut que le salaire consiste en une somme d'argent ; sans elle, le contrat ne mériterait plus ce nom. Mais, l'intérêt de la question est purement théorique, car la convention subira toutes les règles du louage pourvu qu'elle en présente tous les caractères. On applique ainsi le vœu de la loi que toutes les conventions qu'elle n'a pas prévues soient régies par les règles des contrats avec lesquels elles ont le plus de ressemblance.

Le prix doit être sérieux, mais il n'est pas nécessaire qu'il soit en rapport avec les services rendus. La vileté du prix n'est pas une cause de rescision (1). Il peut n'avoir point été déterminé à l'avance ; les parties ont la faculté de s'en remettre à un tiers du soin de le fixer dans la suite (2).

Seule, la capacité des parties doit donner lieu à une observation.

(1) Cass., 12 déc. 1853; D., 1854, 1, 20.
(2) Pothier, n° 399.

Quelle capacité est nécessaire pour louer ses services? Il ne peut être question que du mineur et de la femme mariée.

Le premier étant sous la dépendance de son père ou de son tuteur ne peut seul prendre aucun engagement relatif à sa personne (1). Il pourrait en résulter pour lui un préjudice moral qu'il n'est pas à même d'apprécier. C'est donc *assisté* qu'il pourra contracter. Mais, est-il nécessaire que ce soit lui qui contracte ? L'art. 9 de la loi du 25 germinal an XI paraissait le supposer : « Les contrats d'apprentissage consentis entre ma- « jeurs ou *par des mineurs avec le concours* de ceux sous « l'autorité desquels ils sont placés... » Était-ce exiger le consentement du mineur ? On peut dire que ce texte supposait que le mineur contractait lui-même plutôt qu'il n'en faisait une condition. La loi du 22 février 1851, art. 3, qui remplace la loi de l'an XI, dit, au contraire, que le contrat d'apprentissage doit être signé par le maître et les représentants de l'apprenti. On peut ajouter encore l'art. 2 du décret du 15 pluviôse an XIII, et les art. 9 et 17 du décret du 19 janvier 1811 relatifs aux commissions administratives des hospices, sous la tutelle desquelles sont placés les enfants trouvés et abandonnés. Ces textes indiquent bien l'esprit de la loi. Le père et la mère peuvent mettre leur enfant chez un patron, tout aussi bien qu'au collège ;

(1) V. Guillouard, *Louage*, II, p. 223.

le contrat d'apprentissage n'est pas autre chose qu'un moyen d'éducation professionnelle. — Mais, nous bornerons ce pouvoir aux nécessités de l'instruction, parce qu'il est le corollaire du devoir d'éducation (1).

Ce pouvoir reste après la dissolution du mariage aux mains du survivant tuteur.

Lorsque la mère n'a pas la tutelle, on s'est demandé à qui de la mère, du tuteur ou du conseil de famille revenait le droit de régler le mode d'éducation du mineur.

Selon nous, ce droit revient au tuteur, en vertu de l'art. 450 du Code civil, mais il ne l'exerce que sous la surveillance du conseil de famille, à qui revient le droit de décider en dernier ressort (2).

Quant à la femme mariée peut-elle, au refus de son mari, obtenir l'autorisation de justice de louer ses services ?

On soutient l'affirmative en disant qu'actuellement le mari n'exerce plus une sorte de magistrature domestique; que tout le monde doit pouvoir s'adresser aux tribunaux, que si le mari est un juge domestique, il ne l'est qu'en premier ressort. L'art. 219 du Code civil le montre suffisamment, dit-on, et il se sert d'une

----

(1) Demolombe, VII, n°ˢ 798 et suiv.

(2) V. Demol., *loc. cit.* Aubry et Rau, I, § 111. — Cass. 8 août 1815; D., *Rép.* V° *Minorité,* p. 158.

expression générale « passer un acte », qui signifie
contracter. Il s'applique sans restriction aux contrats
qui intéressent la personne de la femme aussi bien qu'à
ceux qui intéressent sa fortune. On ne peut rien, du
reste, reprocher à l'intervention de la justice qui n'au-
torisera la femme qu'autant que le refus du mari sera
déraisonnable, qui pourra apprécier la nature du louage
de services dans lequel la femme voudra figurer.

A cela on répond avec raison que l'art. 219, comme
le prouve sa place, ne regarde que l'administration de
la fortune de la femme ; que tout ce qui regarde sa
personne est contenu dans les deux articles qui prescrivent à la femme d'obéir à son mari et de le suivre ;
que ces articles sont placés en tête du chapitre comme
tout ce qui concerne la personne des époux, énoncent
un principe auquel il n'est apporté aucune restriction ;
qu'on ne saurait la voir dans l'art. 219 placé au milieu
des dispositions relatives aux biens. Déjà, dit-on, cet
article est une exception au principe de l'autorité
maritale, il faut donc l'interpréter étroitement. La
subordination de la femme est de l'essence du mariage, et elle est aussi son honneur, car la femme ne
doit pouvoir prendre des engagements qui, enchaînant
sa personne, risquent de compromettre sa vertu ou
seulement sa réputation, par exemple, l'engagement
théâtral. Ces engagements, ajoute-t-on, qui sont in-
conciliables avec le devoir de la femme de suivre son
mari, ne sauraient être soumis à l'appréciation des

tribunaux qui ne sont pas à même d'apprécier les scrupules de ce dernier, qui doit être seul juge de son honneur.

On admet cependant (1) qu'en cas d'abandon par son mari, la femme pourra recourir à l'autorisation de justice, car alors on n'est plus en opposition avec l'art. 214 et on peut argumenter de l'art. 222, qui vise le cas d'absence du mari.

Nous nous rangeons à ce deuxième système, mais en interprétant d'une façon très large cette expression abandon du mari. Le devoir d'obéissance de la femme est la contre-partie du devoir de protection du mari. Tant que ce dernier l'accomplira en donnant à sa femme les choses nécessaires à la vie, suivant sa condition, les tribunaux qui l'auront constaté devront repousser la démarche de la femme sans l'examiner au fond. Et cela quelles que soient les considérations artistiques ou autres qui puissent être invoquées. Mais aussi, dans le cas contraire, ils auront toute liberté d'autoriser un engagement qu'ils auront jugé convenable (1). — En cas de séparation de corps, les juges apprécieront encore l'insuffisance des moyens d'existence de la femme.

(1) V. Guillouard, *loc. cit.* — Lacau-Paulmier, *Législation et jurisprudence des théâtres*, n° 240.

(1) V. en ce sens : Rouen, 4 février 1878; D., 78, 2, 258. — Cassation, 6 août 1878; D., 79, 2, 400.

CHAPITRE III

DURÉE DU LOUAGE

« On ne peut, dit l'art. 1780, engager ses services
« qu'à temps ou pour une entreprise déterminée. »

La règle n'est point nouvelle, elle était généralement admise dans l'ancienne jurisprudence (1). On
peut se demander s'il était bien utile de la formuler,
si un servage volontaire risquait de ressusciter parmi
nous.

Quoi qu'il en soit, le but du législateur a été de protéger la liberté de l'homme contre des engagements
arrachés à la témérité ou à la misère. Cherchons
quelle est la portée de cette disposition. Que faut-il
entendre par ces expressions *à temps*, à quelles personnes l'art. 1780 s'applique-t-il ?

Je ne puis louer mes services pour toute ma vie,
sans aucun doute. Il ne m'est pas permis davantage
de faire indirectement ce que la loi me défend de faire

(1) V. Despeisses, *Louage*, II, n° 6.

directement, aussi mon engagement sera tout aussi
nul s'il a pour objet une durée qui doit indubitable-
ment absorber le reste de mon existence. C'est l'application des principes et cela se justifie par la pensée
de la loi qui est de prohiber l'aliénation de la liberté
humaine aussi bien en fait qu'en droit (1). Une convention, qui lors de sa conclusion annonce implicitement un tel résultat, doit être nulle tout comme celle
qui l'exprime. Par exemple, si j'ai quarante ans je ne
puis promettre mes services pour une période qui doit
durer aussi trente ou quarante ans. Pure question de
fait, du reste, réservée à l'appréciation des tribunaux.

L'expression *à temps* doit donc s'entendre de toute
la vie du bailleur de services. Est-ce tout, ou doit-on
l'entendre aussi de toute la vie du preneur ? On a soutenu que le bail était tout aussi bien prohibé par l'article 1780 lorsque le domestique s'engageait à servir
son maître pendant toute la vie de celui-ci, que le
texte ne distingue pas. C'est une erreur ! Le motif permet de distinguer. Le seul but de la loi est d'empêcher
le retour à une sorte de servage volontaire, pour cela
de protéger celui que le contrat place dans une position dépendante. Dans notre cas la personne tenue
toute sa vie c'est le maître ; le domestique n'est engagé
qu'à temps, sous condition résolutoire. Il faudrait

(1) V. Discours du tribun Jaubert, de Galli au Corps légis-
latif.

donc dire qu'une personne jeune ne peut s'engager à
soigner un vieillard jusqu'à la fin de ses jours et cela
au nom de la liberté humaine. Non ! Il n'y a en principe aucun vice dans une pareille convention, car ce
n'est pas autre chose qu'engager ses services sous
condition et cela est licite (1). Avec ce tempérament
cependant que les tribunaux, reconnaissant en fait la
fraude à la loi, sauront l'empêcher de produire effet.

L'art. 1780 s'applique certainement aux domestiques et aux ouvriers, mais faut-il l'étendre comme
son texte semble l'exiger à tout louage de services. La
question s'est posée en 1839 devant la Cour de cassation. Il s'agissait des services d'un médecin, et la Cour
décida que les médecins peuvent s'obliger à donner
pendant toute leur vie les soins de leur art à une personne et à sa maison.

Nous admettons en fait la décision de la Cour
suprême (2), mais ce que nous croyons critiquable
c'est le motif donné par elle, que l'art. 1780 ne s'applique qu'aux domestiques et aux ouvriers. Le chapitre du louage indique une classification si peu ordon-
née que nous ne croyons pas qu'il faille tenir compte

(1) Laurent, XXV, n° 496. — Douai, 2 fév. 1850; D., 51, 2,
133. — *Contra*, Paris, 20 juin 1826; S., *L. N.*, VIII, 2, 244.
Lyon, 4 mai 1865; S., 1866, 2, 191. — Cass., 28 juin 1887;
D., 88, 1, 380.

(2) Cass., 21 août 1839 ; Dal., *R. G.* V° *Louage d'ouvrage*,
n° 27, note.

de la rubrique sous laquelle est placée notre disposition. Le principe qu'elle pose est d'ordre public et les
questions de cette nature ne s'apprécient point d'a-
près la place qu'elles occupent. Il faudrait en arriver
à dire que les commis, bibliothécaire, intendant,
précepteur peuvent louer leurs services *in perpetuum*
puisque nous ne les avons point rangés parmi les domestiques, mais ne semble-t-il pas qu'il y ait là quelque chose de contraire à l'inaliénabilité de la liberté.
C'est le sentiment de l'éminent magistrat, M. Larombière (1). Il s'agit moins d'apprécier la dignité des
services rendus, leur qualité, que leur durée. Seule
celle-ci est en cause. Or, ce que l'art. 1780 prohibe,
selon nous, c'est l'engagement à vie dans une situation dépendante. Cette situation sera celle du commis
et peut-être des autres personnes que nous venons
d'énumérer, parce que, bien que leurs services ne
soient point serviles, ils ont un caractère de conti-
nuité qui implique une certaine aliénation de la personne. S'engager à vie et pour des services continus,
c'est renoncer à la liberté. Au contraire, le médecin
s'engage pour des services essentiellement disconti-
nus. A chaque instant il retrouve sa liberté, et la personne est libre en principe. — De même, nous conce-
vrions qu'un moissonneur, un vendangeur s'enga-
geassent à vie à faire la moisson, la vendange chez

(1) *Obligations*, I, p. 319.

une personne, puisqu'il s'agit d'un engagement inter-
mittent.

En dehors de cela toute liberté est laissée aux parties. Le bailleur peut s'engager sous condition résolutoire. C'est ainsi qu'est certainement valable la convention par laquelle une personne s'engage au service
d'une société pour toute la durée de celle-ci.

Le bailleur de services peut même s'engager sous
la condilition potestative de sa part, *quoad placuerit.*

Ce qui fait encore doute, c'est de savoir quelle est la
nature de la nullité qui frappe l'engagement fait *in perpetuum.* Est-elle absolue ou relative, peut-elle être
invoquée non seulement par le domestique mais encore par le maître? De plus, celui qui prétend se soustraire à la prestation des services est-il passible de
dommages-intérêts?

Dans notre ancienne jurisprudence, la nullité de
l'engagement était purement relative (1). C'est ce qu'a
décidé un arrêt du Parlement de Grenoble dans l'espèce suivante, qui nous est racontée par d'Expilly (2).
« Laurans Grégoire, natif et habitant de la ville de
Romans, horloger de son métier, est convié par les
consuls et habitants de la ville de Grenoble de vouloir
quitter le lieu de sa naissance et venir habiter parmi
eux, pour avoir charge de conduire un horloge fait

(1) Guy-Pape, *Quæst.*, 3, n° 16.
(2) *Plaid.*, 3.

naguère sur la tour du pont avec beaucoup de dépense.
Il y vint avec sa famille, et contracta avec lesdits consuls l'an 1573, s'obligeant *de demeurer et habiter en
ladite ville et conduire non seulement l'horloge du pont,
mais aussi ceux de Saint-André, de Notre-Dame et du
Palais, moyennant quelques gages et franchises* (1). Il
arriva sur la fin de l'an 1590, que la tour du pont fut
battue et abattue à coups de canon, lorsque le sieur
Lesdiguières prit la ville de Grenoble assiégée, laquelle
il prit depuis par capitulation; et par cette batterie
l'horloge chut avec la tour et se mit en pièces. Quelques années après, lesdits consuls et habitants firent
redresser cette tour, ramassèrent les pièces de l'horloge et les firent raccommoder et rhabiller ce qui était
gâté, avec plus de façon d'artifice et d'ornement qu'au-
paravant. Il fut question de savoir qui en aurait la conduite et le gouvernement.

« L'ouvrier qui l'avait raccommodé le demandait.
Laurans Grégoire soutenait qu'elle lui appartenait par
son contrat et demandait en outre les arrérages de ses
gages. Les consuls désiraient de retenir l'ouvrier,
voyant Grégoire jà vieil et cassé, qui ne pouvait plus
guère être utile, et néanmoins lui offraient les mêmes
gages et arrérages; ou, s'il ne voulait départir de son
bail, lui demandaient caution, répondant qu'il condui-

(1) Il s'agit d'un louage d'industrie plutôt que d'un louage
de services, mais la question est la même quant au principe.

rait et gouvernerait bien l'horloge. Grégoire ne veut se départir de son bail et soutient n'être tenu à **caution.** »

La question de caution est incidente. Ce qu'on va opposer au pauvre Grégoire, c'est que le bail est rompu par la destruction de la chose, et si les consuls perdent sur ce point, puisque la nouvelle horloge est faite des morceaux de l'ancienne, que le contrat est nul ayant été fait à perpétuité.

« Mais on lui oppose que le premier horloge qu'il avait à conduire est rompu, que celui-ci en est un tout nouveau, et partant qu'il ne peut prétendre que par son contrat on soit tenu de le lui laisser conduire. Pour cela, il y a le texte in l. *Qui tamen*, § *in navic.* D., *Quib. mod. usuf. amitt.*, dans lequel il s'agit d'une maison dont l'usufruit est légué ; si elle vient à être démolie, et puis refaite, *licet ex iisdem cæmentis, lignisque*, l'usufruit est éteint.

« Ces textes et autorités semblent condamner le demandeur.

« Toutefois nous sommes de contraire avis, et loin des termes et textes sus allégués, laissant à part ce qu'on a dit du navire de Thésée, qui fut conservé à Athènes jusqu'au temps de Démétrius Phalérius, par le moyen de nouvelles pièces qu'on y ajoutait au lieu des pourries, comme on fait encore aujourd'hui à Séville pour le navire appelé *Vittoria*, qui a fait le tour du monde, étant estimée la même bien que refaite de nouvelles tables. Nous disons que puisque les consuls ont ramassé les pièces de l'horloge, *ex mente et consilio* de le rétablir, qu'en ce cas c'est le même horloge qui fut baillé à conduire au demandeur. Le texte y est formel en cette loi : *Qui res*, § *in fine*, *De solut.*, L. 76, D., *De jud.* Aussi est-ce l'opinion d'Hottoman dans la question susdite. Or, cet horloge est le même corps ramassé et recueilli pour être rétabli, et sur lieu et place accoutumés ; et par conséquent la première obligation demeure. Ce qui sert de distinction aux textes cités au contraire.

« On oppose encore (c'est notre question) que le contrat ne peut être perpétuel. *Nemo potest locare opus in perpetuum. L. Titio centum* § *Titio centum* **D.** *de cond. et duce.*

« A cela deux réponses :

« L'une que la loi est faite en faveur de celui *qu₁ locavit operas...* A savoir, que *contre le droit de sa liberté il ne puisse demeurer asservi*, s'il ne veut ; mais s'il veut, nul ne peut l'empêcher.

« Et delà se tire l'autre réponse, prise de la glos. en l. 3 D., *De usuf.*, laquelle dit que : *quis locare potest operas in perpetuum. Sed resilire potest præstando interesse* : tellement que Grégroire se pourrait dédire du contrat en payant les dommages-intérêts des consuls.

« La dernière question est si on peut lui demander caution.....

« Et de le vouloir faire retirer sous prétexte de son âge, c'est un mauvais exemple pour les serviteurs de la ville, que devenus vieux ils seront chassés comme les valets de Caton, ou le chien envieilli chez Ésope. »

Aussi le 8 avril 1604, Laurans Grégoire obtint gain de cause. Le Parlement déclara :

1° Que l'horloge était la même que celle que le canon de Lesdiguières avait renversée ; qu'il n'y avait pas destruction de la chose devant mettre fin au contrat.

2° Qu'on ne pouvait aggraver les obligations de l'ouvrier, sous prétexte de son âge, alors que rien ne prouvait que son aptitude fut diminuée.

3° Que les consuls de Grenoble n'étaient pas recevables à se plaindre de la perpétuité du contrat; que Grégoire seul aurait pu élever la voix à cet égard.

En est-il encore de même?

Les travaux préparatoires du Code civil nous disent peu de chose (1) et ne sont pas concluants.

Une première opinion, soutenue par un parti considérable de la doctrine, estime que par application de l'art. 1131 du Code civil, la cause du contrat étant illicite, la nullité est radicale et peut être proposée par le preneur (2). C'est le sens d'un arrêt de Bordeaux

______

(1) V. Fenet, IV, p. 209, 339. Observ. de la Cour de Lyon et paroles du tribun Mouricault.

(2) Guillouard, *loc cit.* Aubry et Rau, IV, § 372, texte et note.

du 23 janvier 1827 (1), que le contrat est de la nature de ces conventions illicites qui excluent tous dommages-intérêts.

Nous préférons avec MM. Troplong et Larombière (2) la deuxième opinion.

Il est certain que cette convention ne blesse l'ordre public qu'en ce qu'elle affecte la liberté d'une des parties et non parce que l'engagement a une durée illimitée. C'est ainsi que je puis louer mes services à quelqu'un sous cette condition *quoad placuerit*, tant qu'il me plaira. L'engagement est valable. Dans notre cas, en déclarant la nullité relative, on arrive au même résultat, et, comme la liberté est protégée, satisfaction se trouve donnée à l'ordre public.

Il ne s'agit bien que d'une loi de protection puisqu'on peut louer ses services jusqu'à la mort du maître et que ce dernier est obligé. Or, dit M. Larombière, on conçoit très bien que la sanction d'une disposition d'ordre public ne dépasse point le but qu'a voulu atteindre le législateur, surtout quand il s'agit d'un fait qui ne revêt ce caractère que par suite de son *exagération conventionnelle*.

Ne serait-ce point, ajoute le savant magistrat, consacrer une injustice vis-à-vis du domestique qui pourra, devenu vieux et ayant servi toute sa vie, se voir chassé

(1) S., 1827, 2, 318.
(2) Troplong, *Louage*, III, n° 856. Larombière, *Oblig.*, I, art. 1133, n° 30.

sous prétexte qu'il n'a pas pu aliéner valablement sa
liberté?

Ce système n'applique donc l'art. 1131 qu'aux conventions qui violent l'ordre public d'une façon absolue,
dont le vice ne trouve point de remède dans une sanction intermédiaire. Il semble plus en harmonie avec
la pensée du législateur qui veut, qu'autant qu'il est
possible, effet soit donné à la convention.

Il a en outre l'avantage de permettre au juge d'accorder des dommages-intérêts au bailleur de services
qui, devenu vieux, se voit renvoyé par le preneur. L'opinion contraire (1) lui en accorde implicitement en laissant au juge le soin de « fixer pour le temps des services prêtés une indemnité plus élevée que les gages
convenus, variable selon les circonstances »; mais, en
droit, on ne comprend pas bien des dommages-intérêts pour inexécution d'une obligation dont on ne pouvait pas exiger l'exécution, frappée d'une nullité
absolue.

On rencontre souvent dans la pratique cette convention par laquelle les directeurs d'une société, les commis s'interdisent de monter jamais et dans des lieux
déterminés une industrie ou un commerce similaires

______

(1) V. Guillouard, *loc. cit.*, et les arrêts en note. Il faut
alors dire avec l'arrêt de la Cour de Paris de 1826 que le
maître avait contracté un engagement *téméraire*; mais en
droit les parties sont égales et le domestique a été tout aussi
téméraire.

3.

et rivaux. C'est là une convention certainement licite (1).

Le louage peut avoir été fait pour une durée illimitée. Il est valable parce que chaque partie peut le faire cesser immédiatement et sans dommages-intérêts, du moins à raison du fait même du congé. Nous le verrons en parlant de l'extinction du louage.

Le bail peut aussi être fait pour une *entreprise* déterminée. Ce n'est pas l'objet de notre étude, puisqu'il s'agit alors d'un louage d'industrie. Nous appliquerions dans ce cas les mêmes restrictions de fait que pour le louage de services, mais en tenant compte de ce fait que l'entrepreneur d'industrie, au moyen d'auxiliaires, peut abréger la durée des travaux. Dans ces limites l'adage romain : *Nemo locat opus in perpetuum* est encore vrai.

En deçà de la limite tracée par l'art. 1780, la durée du louage de services est déterminée par la convention, l'usage, la nature même des services promis.

____

(1) V. le dernier arrêt à notre connaissance. Rouen, 11 janvier 1887. Rec. de Rouen, 26, 1, 1887.

CHAPITRE IV

OBLIGATIONS. — CONTESTATIONS

TITRE PREMIER

OBLIGATIONS

Comme dans tous les contrats synallagmatiques l'objet du contrat est double. L'art. 1710 nous l'indique : « Le louage d'ouvrage est un contrat par lequel « l'une des parties s'engage à faire quelque chose « pour l'autre, moyennant un prix convenu entre « elles. »

Le bailleur doit fournir ses services dans les conditions de temps, de durée et d'habileté prévues au contrat ou en usage. Il ne saurait arguer de son incapacité, car il a commis une faute en louant ses services inconsidérément.

Le maître ou preneur est tenu, nous dit Pothier (1),

(1) *Louage*, nᵒˢ 404 et suiv. — *Adde*, Troplong, *Louage*, III, nᵒˢ 827 et suiv.

d'obligations qui naissent ou de la nature du contrat, ou de la bonne foi, ou de clauses particulières. Celles qui naissent de la nature du contrat sont : 1° de payer le prix convenu ; 2° de faire tout ce qui dépend de lui pour mettre le bailleur en pouvoir d'exécuter la convention.

Ce sont les deux seules obligations directes qui dérivent du contrat, à moins de clause particulière, convenue ou d'usage.

Mais à toutes ces obligations positives il faut en ajouter une autre négative, celle de s'abstenir de toute faute à l'occasion du contrat. Elle dérive de la bonne foi.

Le maître doit donc d'abord payer le salaire convenu ou en usage, et cela aux époques également déterminées par la convention ou l'usage. Souvent au prix s'adjoindront des obligations d'un caractère accessoire, telles que nourrir, loger, etc .. les domestiques et gens de ferme , il doit enfin tous les compléments du prix convenus ou en usage (1).

Mais il a encore une seconde obligation, celle de rendre possible la prestation des services loués. Il s'acquittera de cette obligation soit en fournissant seulement les locaux nécessaires à l'exécution du travail, soit en mettant entre les mains de l'ouvrier l'outil dont

______

(1) V. Angers, 13 mai 1868; S., 69, 2, 259. Un garde particulier peut avoir droit à la jouissance gratuite d'un logement et d'un jardin.

il doit se servir, soit même en exécutant au préalable
des travaux nécessaires.

Quant aux obligations établies par clause spéciale,
ou par l'usage, elles peuvent varier à l'infini, on les as-
similera aux précédentes.

Jusqu'ici il n'y a point de difficulté, toutes ces obligations sont positives, directes, découlent du contrat,
et, s'il est actionné en justice, le maître doit prouver
qu'il les a exécutées ou qu'il n'a pas pu les exécuter,
(art. 1315, Code civil). Mais où la difficulté commence
c'est sur le point de savoir ce qu'il faut entendre par la
nécessité de s'abstenir de toute faute dans l'exécution des
obligations. On n'est point d'accord sur la nature de
cette obligation et ses effets.

La question devrait se poser à l'égard de chacune
des parties contractantes au louage et dans les diverses
hypothèses de cette convention, mais elle n'est guère
discutée qu'au regard des obligations du preneur lorsqu'il a engagé des ouvriers. Elle a du reste pris une
importance telle, en raison des accidents industriels
et des nouvelles considérations juridiques jetées dans
le débat, que nous lui consacrerons la seconde partie
de ce travail. Nous allons seulement poser les termes
de la controverse.

L'industriel qui loue les services d'un chauffeur
doit bien évidemment mettre à la disposition de celui-
ci la chaudière qui est à la fois son outil et l'objet oc-
casionnel de son travail ; mais : 1° *en vertu du con-*

trat de louage n'est-il tenu qu'à cela — et, 2° s'il est tenu à autre chose, quelle est la nature de cette obligation ?

Tout le monde est bien d'accord que le patron devait s'assurer de l'état de sa chaudière qu'il place entre les mains de l'ouvrier; que s'il ne l'a pas fait, il encourt une responsabilité en cas d'accident arrivé à l'ouvrier, mais une jurisprudence constante déclare que ce n'est point le contrat qui impose cette obligation, que c'est l'art. 1382 du Code civil, c'est-à-dire la loi. Une faute, dit-on, a été commise, c'est cet article qui la prévoit et impose la réparation du dommage.

Nous repousserons avec un parti considérable de la Doctrine et la jurisprudence belge cette manière de voir. Nous dirons que la faute du patron est connexe au contrat, par conséquent que l'art. 1382 ne saurait s'appliquer dans notre espèce.

Mais nous ne suivrons pas complètement l'opinion nouvelle. Elle voit en général dans l'obligation pour le patron de prendre des soins pour éviter les accidents à ses ouvriers, une obligation *directe, positive*; nous n'y verrons au contraire qu'une obligation *indirecte, négative*, l'obligation d'agir de bonne foi, de s'abstenir de toute faute, modalité affectant l'obligation positive et directe de faire tout ce qui dépend de lui pour mettre l'ouvrier à même d'exécuter sa prestation, c'est-à-dire de lui livrer l'outil.

On verra les conséquences de ces divers systèmes

au point de vue de l'étendue de la responsabilité et de
la charge de la preuve.

Nous allons supposer notre opinion admise et nous
demander quelles seront les conséquences de l'inexécution des obligations et de la faute commise dans leur
exécution.

La sanction des obligations qui découlent du contrat
est double : la résolution et les dommages-intérêts (1).

Comme tous les contrats synallagmatiques, le
louage peut être résilié par suite de l'inexécution des
obligations de l'une des parties. Chacune, en effet, ne
veut s'obliger que sous cette condition que l'autre partie remplira ses engagements. Mais à moins de clause
expresse, la résolution n'a pas lieu de plein droit; elle
doit être prononcée par les tribunaux, et jusque-là, les
parties sont tenues.

La partie envers laquelle l'engagement n'a pas été
exécuté peut en outre fonder sur cette inexécution
une demande en payement de dommages-intérêts, soit
principale, soit accessoire à la demande en résolution.
Mais si la simple inexécution justifie la résolution du
contrat, les dommages-intérêts ne peuvent être accordés qu'autant que l'inexécution provient d'une faute.

____

(1) Comme toutes les fois qu'il s'agit d'une obligation de
faire il ne peut être question de contrainte directe. Cela est
absolu à l'égard du bailleur ; à l'égard du preneur, voir ce
que nous disons à l'*Extinction du louage.* V. aussi ce qui est
relatif au cas de force majeure.

On pourrait même, demandant la résolution d'une première partie de l'engagement et des dommages-intérêts pour son inexécution, poursuivre la prestation des services qui ne sont pas encore venus à échéance.

Quant aux dommages-intérêts, ils seront déterminés d'après les règles générales en matière de contrats. Ils seront de la perte éprouvée et du gain manqué. Si la partie était de bonne foi, elle ne sera tenue de réparer que les conséquences prévues de l'inexécution de l'obligation ; si elle était de mauvaise foi, elle devra la réparation de toutes les conséquences qui sont une suite immédiate de cette inexécution. Cela est incontestable, bien que les art. 1146 et suivants du Code civil ne visent spécialement que les obligations de donner.

La responsabilité du patron, du maître, peut encore être encourue si, ayant exécuté ses obligations, il l'a fait d'une manière imparfaite, ayant préjudicié à l'autre partie. C'est la question des fautes.

Quelles sont les actions, omissions, qui dénoteront une faute du preneur et pourront servir de base à une action en indemnité ?

La question est réglée par l'art. 1137.

Sans entrer dans la controverse que soulève l'article 1137, nous rappellerons l'opinion généralement admise qui repousse la division tripartite des fautes de l'ancien droit, se divisant elle-même en faute *in con-*

creto (1) et *in abstracto* (2). Le premier alinéa du texte exige que tout débiteur apporte dans l'accomplissement de son obligation les soins de tout homme diligent. Le second tempère ce que ce principe pourrait avoir de rigoureux, et autorise le juge à prendre comme point de comparaison pour les divers contrats un *pater-familias* plus ou moins diligent. Mais il n'y a qu'une seule faute, celle que cet homme ne commettrait point (3).

Cet article vise spécialement les obligations de *donner*, mais il est incontestable qu'il faut l'étendre à toutes les obligations. La règle qu'il établit est générale et on ne concevrait pas en principe que la faute ne fût pas appréciée de même dans tous les contrats. Le Code n'a pas de disposition analogue pour les obligations de faire, il est naturel d'emprunter aux obligations de donner une disposition qui, tout au moins, s'y adapte fort bien. Même s'il peut prêter le flanc à quelque critique lorsqu'il s'agit d'une obligation de donner, il n'en saurait être de même relativement aux obligations de faire. L'objet des premières est susceptible de qualification légale qui le détermine et précise par là la somme des soins nécessaires à l'exécution de l'obli-

(1) V. cependant l'art. 1927.

(2) V. sur la controverse Demolombe, XXIV, p. 382 et suiv.

(3) La division des fautes en *lourde*, *légère* et *très légère*, que nos anciens auteurs fondaient sur le droit romain n'y était nullement établie. V. Demolombe, *loc. cit.*

gation. Dans les divers contrats de vente, d'échange,
de louage de choses, de dépôt, de prêt, de nantisse-
ment, il y a toujours une sorte d'uniformité et de similitude qui eût permis d'indiquer quel zèle devait apporter le débiteur de la chose. Rien de tel pour les obligations de faire. Leur variété est infinie à raison de la
nature des choses qui doivent être faites et à raison du
caractère des personnes qui doivent les accomplir. Il
est bien évident que je dois moins exiger, contractant
en connaissance de cause, d'un mauvais ouvrier que
d'un bon, d'un peintre d'un talent médiocre que d'un
peintre habile, d'un domestique des champs que d'un
autre stylé, d'un ouvrier neuf dans une industrie que
de celui qui y a déjà vieilli. Les soins que je puis
exiger de ces personnes ne sont donc pas uniformé-
ment définissables et aussi les soins que ces personnes
peuvent attendre de moi dans l'exécution de mes obligations. Un chef d'industrie prendra plus de précautions vis-à-vis d'un enfant que d'un ouvrier, vis-à-vis
d'un ouvrier nouveau dans son service que vis-à-vis
d'un autre tout formé. Lorsqu'il s'agit d'une obligation
de faire le contrat est formé presque toujours, et dans
une certaine mesure, *intuitu personæ*; il n'en est pas de
même à l'égard des obligations de donner. Aussi ce
qui serait faute très légère dans un cas deviendra-t-il
dans un autre une faute qu'eût évitée un homme soi-
gneux. L'obligation de s'abstenir de toute faute n'est
pas la même selon chaque espèce. Voilà pourquoi il

était sage de ne pas reproduire une division propre à jeter le trouble dans l'esprit du juge, mais de lui laisser le soin de déterminer d'après un type formé à la fois par l'usage et la convention des parties quelle faute engage la responsabilité. C'est lui qui appréciera les circonstances d'après lesquelles la gradation doit être mesurée, il n'a pas besoin de points de repère qui se concilieraient souvent mal avec l'équité.

« Lorsque la conscience du juge a été ainsi éclairée, disait M. Bigot-Préameneu, il n'est point besoin de règles générales pour prononcer suivant l'équité; la théorie suivant laquelle on divise les fautes en plusieurs classes, sans pouvoir les déterminer, ne peut que répandre une fausse lueur et devenir la matière de contestations plus nombreuses ; l'équité elle-même répugne à ces idées subtiles ; on ne la reconnaît qu'à cette simplicité qui frappe à la fois l'esprit et le cœur (1). »

Comme le dit M. Demolombe, c'est parce que l'article 1372 confère aux magistrats le pouvoir de tenir compte de la nature des différents contrats, que nous voyons certains articles se référer encore aux conditions de la doctrine ancienne (2).

---

(1) *Exposé des motifs*, Locré, XII, p. 427. — *Adde*, Favart, Rapport au Tribunal, *eod. loc* , p. 431, 2.

(2) « En tenant compte de l'inadvertance..., conséquence d'une tradition aussi ancienne Mais ces articles peuvent aussi s'expliquer par l'intention que les auteurs du Code auraient

Dans le cas où l'une des parties a exécuté ses obligations d'une manière imparfaite, pouvant constituer une faute, le montant des dommages-intérêts sera déterminé comme en cas d'inexécution des obligations.

Ces deux causes de responsabilité ne diffèrent pas notablement, au point de vue de la preuve. Le demandeur obtiendra des dommages-intérêts si le défendeur n'établit pas qu'il a exécuté ses obligations ; de même lorsqu'il demandera une indemnité en se fondant sur une inexécution imparfaite, une faute, un manque à la bonne foi que se doivent les parties, le défendeur devra faire la preuve contraire.

TITRE II

CONTESTATIONS

Les contestations qui s'élèvent entre bailleur et preneur de services sont de la compétence des juges de paix, des conseils de prud'hommes, des tribunaux civils, des tribunaux de commerce et du juge des référés, suivant les cas.

eue d'attribuer aux magistrats un pouvoir discrétionnaire pour apprécier même d'après les distinctions anciennes, les divers degrés de responsabilité. Comp., 450, 601, 804, 1374, 1624, 1806, 1728, 1850, 1927, 8, 1992, 2080 ». Demol., XXIV, p. 390 et suiv.

§ 1. *Juges de paix.*

En cette matière la compétence spéciale des juges
de paix est fixée par l'art. 5 de la loi du 25 mai 1838,
lequel est ainsi conçu : « Les juges de paix connais-
sent, sans appel, jusqu'à la valeur de 100 francs, et à
charge d'appel à quelque valeur que la demande puisse
s'élever. — § 3. Des contestations relatives aux engagements respectifs des gens de travail au jour, au mois
et à l'année et de ceux qui les emploient ; des maîtres
et des domestiques ou gens de services à gages ; des
maîtres et de leurs ouvriers ou apprentis, sans néanmoins qu'il soit dérogé aux lois et règlements relatifs
à la juridiction des prud'hommes. — § 4. Des contestations relatives au payement des nourrices... sauf ce
qui est prescrit par les lois et règlements d'administration publique à l'égard des bureaux de nourrices. »
Dans les limites ordinaires de sa compétence jusqu'à
100 francs sans appel et 200 francs en principal,
sauf appel, le juge de paix est, quand il n'y a pas de
conseils de prud'hommes, le juge de droit commun de
toutes les contestations survenues entre bailleur et
preneur de services (art. 1, L. 1838).

Mais il n'est juge du premier degré, à quelque valeur que la demande puisse s'élever que des contestations survenues dans les cas énumérés ci-après.

1° A propos *des engagements respectifs des gens de travail au jour, au mois et à l'année.* — Dans cette disposition, la plus large de l'article, *gens de travail*, on ne saurait faire rentrer les bibliothécaires, secrétaires, intendants, commis, ingénieurs, répétiteurs, journalistes, etc., toutes les personnes qui ne vivent pas d'un travail manuel; à leur égard le juge de paix ne serait compétent que dans les limites ordinaires (art. 1er).

La Cour de cassation a même déclaré que le juge de paix ne pouvait, aux termes de notre article, connaître des contestations survenues entre un mécanicien-conducteur de locomotives et une compagnie de chemins de fer, le mécanicien ne pouvant *à raison de cette qualité être rangé dans la classe des gens de travail, c'est-à-dire des artisans travaillant au jour, au mois et à l'année* (C., 13 mai 1857; D., 1857, 1, 393). La Cour ajoute qu'on ne saurait le faire rentrer davantage dans la catégorie des *ouvriers* visés par le même article. Il y a là quelque chose d'un peu forcé; quelque intelligence que nécessite l'emploi de mécanicien, nous croyons qu'il est exact de le classer parmi les travaux manuels. La direction d'une machine est un travail de ce genre. Nous ne voyons pas l'influence que peut avoir sur cette solution les expressions de la loi : *au jour, au mois ou à l'année.* Elles ont pour but simplement d'exclure les difficultés survenues à propos du louage d'industrie, du travail à la tâche, et de comprendre dans sa plus large mesure celles survenues entre maîtres et gens.

Nous exigerons donc une double condition : le travail manuel et l'engagement au temps.

Le juge de paix est compétent, que l'engagement ait été contracté verbalement ou par écrit.

2° *Des maîtres ou des domestiques et gens de services à gages.* — Nous savons dans quel sens il faut prendre l'expression *domestiques*. Le mot *gens de services à gages*, pour être un peu plus compréhensif, n'est pas autre chose qu'un développement du précédent. Il s'applique aux garçons de magasins, garçons de fermes, jardiniers, etc., mais il ne saurait comprendre les personnes dont le travail est principalement intellectuel, comme les clercs, gardes, dames de compagnie, etc...

Il ne comprendrait pas davantage les facteurs, les commis caissiers, teneurs de livres.

Le juge de paix n'est compétent qu'autant que les difficultés survenues résultent du rapport de domesticité. Ainsi il ne pourrait statuer sur une demande en restitution d'effets mobiliers détenus par le maître, en restitution de billet souscrit par le maître. Mais il est compétent sur toutes les questions de congés, salaires, certificats.

La Cour de Paris a décidé que cette compétence s'étendait à la demande intentée par un domestique contre son maître, afin d'obtenir le payement des avances faites pour l'achat des subsistances nécessaires au ménage (1). Cela se conçoit à cause de l'usage qui veut que les domestiques fassent accidentellement de pareilles avances.

Dans tous ces cas le juge compétent est celui du domicile du défendeur.

3° *Des maîtres et de leurs ouvriers et apprentis.* — Le juge de paix cesse d'être compétent lorsqu'il se trouve dans la circonscription d'un conseil de prud'hommes et *qu'il s'agit d'ouvriers dépendant d'ateliers ou de manufactures.*

Mais il est compétent aussi bien en matière commerciale qu'en matière civile.

Ici, la compétence n'est plus personnelle, mais territoriale. « En quelque lieu que réside l'ouvrier, dit l'art. 21 de la loi du 22 germinal an XI, la juridiction sera déterminée par le lieu de la situation des manufactures ou ateliers dans lesquels l'ouvrier aura pris travail. » L'art. 18 de la loi du 4 mars 1851 a une disposition analogue à l'égard des apprentis (2). (Sur la

(1) Paris, 4 octobre 1872. V. Carré, *Code annoté des just. de paix*, p. 25.

(2) Le mot *ouvriers* doit être pris ici dans le sens de toute personne qui se livre à un travail corporel payé au temps ou à la tâche ; il ne faut donc pas le confondre avec l'expression « gens de travail ». A l'égard des ouvriers la compétence *ratione personæ* reprendrait son empire si le juge de paix ne statuait point à défaut de conseil de prud'hommes.

signification du mot *ouvriers*, v. aux conseils de prud'-
hommes.)

4° *Des contestations relatives au payement des nourrices.* — Le juge de paix compétent est celui du domicile du défendeur.

L'action en payement de salaires doit être dirigée
par la nourrice contre le mari, bien que l'enfant ait été
placé par la mère, car il s'agit d'une dette de communauté.

Mais il ne doit s'agir que du *payement* des nourrices.
La compétence de notre article étant exceptionnelle
ne doit pas être étendue. Le juge de paix ne connaîtra
donc point des demandes en dommages-intérêts pour
défaut de soins, cessation de l'allaitement sans motifs légitimes (si le chiffre de la demande excède 200 francs).
Mais il connaîtra non seulement des contestations relatives au salaire, mais aussi de celles relatives aux diverses fournitures (linge, médicaments, etc.), faites
par la nourrice. Le § 4 de notre article vise spécialement les nourrices qui élèvent les enfants chez elles,
mais il est incontestable qu'il s'applique à celle qui serait entrée chez les parents de l'enfant pour lui donner
des soins. (Voy. pour le surplus, Carré, *loc. cit.*, p. 29.)

Nota. — La loi du 29 janvier 1851, sur l'assistance
judiciaire, a étendu aux §§ 4 et 5 de notre article, les
dispositions de la loi du 7 août 1850 sur les conseils
de prud'hommes : les actes de procédure, jugements et

4.

actes relatifs à leur exécution, sont enregistrés en dé-
bet. Cette disposition est applicable aux deux parties.

§ 2. *Conseils de prud'hommes.*

Ils ont été rétablis par la loi du 18 mars 1806 qui,
avec le décret du 3 août 1810 et la loi du 1ᵉʳ juin 1853,
a déterminé leur compétence.

Ces conseils sont institués par décrets rendus en la
forme des règlements d'administration publique après
avis préalable des chambres de commerce ou des
chambres consultatives des arts et manufactures.

Les conseils de prud'hommes sont chargés :

1° De concilier les différends qui s'élèvent entre les
fabricants et les chefs d'ateliers, contre-maîtres, ouvriers ou apprentis et, en cas de non conciliation, de
statuer ;

2° De juger les contestations relatives aux contrats
d'apprentissage (exécution, résolutions, dommages-
intérêts). Ils sont juges des réclamations contre les
tiers, en cas de détournement d'apprentis.

Ils jugent toutes ces contestations à charge d'appel,
quelle que soit la valeur du litige, et sans appel jusqu'à 200 fr. (L. du 1ᵉʳ juin 1853, art. 13), etc. (1).

(1) Les questions relatives aux livrets jusqu'à leur suppres-
sion (1870).

La juridiction des conseils de prud'hommes ne s'étend qu'aux ateliers et manufactures et elle est limitée aux rapports entre ouvriers et patrons. De plus, la contestation doit être relative à la branche d'industrie que cultivent les parties : sinon l'affaire est de la compétence des tribunaux ordinaires (Décr. du 11 juin 1809, art. 10).

La Cour de cassation a décidé que les conseils ne sont juges des contestations qu'autant qu'il s'agit réellement d'*ouvriers*. Elle s'est refusée à voir un ouvrier dans un mécanicien de chemins de fer, alléguant que « le mot *ouvriers*, expliqué par son rapprochement dans l'art. 5, § 3 de la loi du 25 mai 1838, avec le mot *apprentis*, et *par le renvoi que fait l'article aux lois et règlements relatifs à la juridiction des prud'hommes*, ne saurait s'appliquer à un conducteur de locomotives qui ne se livre à aucun travail manuel, ne fait partie d'aucun atelier, mais exerce des fonctions séparées et individuelles » (1).

L'appel des décisions des conseils de prud'hommes est porté devant les tribunaux de commerce.

(1) C., 13 mai 1857 ; D., 57, 1, 393. — *Contra*, Paris, 6 janvier 1841 ; D., *Rép. V° Comp. civile des j. d. p.*, n° 168, note.

§ 3. *Tribunaux de commerce.*

L'art. 634 du Code de commerce déclare les tribunaux de commerce compétents pour juger « des actions contre les facteurs, commis des marchands ou leurs serviteurs, pour le fait seulement du trafic du marchand auquel ils sont attachés » (1).

Ce texte comprend d'abord les actions que les *tiers* pourraient intenter contre ces personnes pour faits relatifs à leurs fonctions engageant leur responsabilité personnelle et non plus seulement celle du patron.

Le législateur a pensé que les tribunaux de commerce seraient plus aptes à trancher ces questions qui demandent en outre, dans l'intérêt du commerce, à être jugées rapidement. Ce même motif justifie la compétence des tribunaux de commerce à l'égard des actions intentées par les marchands contre leurs facteurs, commis (2) ou serviteurs (3), pour le fait seule-

(1) C., 20 mars 1863; S., 66, 1, 333. — Dijon, 1er avril 1874; D., 75, 2, 81. — Les artistes dramatiques ne sont pas plus des commis que des ouvriers. C., 8 déc. 1875; S., 76, 1, 25.

(2) Le texte s'applique à tous les *préposés.*

(3) L'art. 5 de la loi du 25 mai 1838 a attribué aux juges de paix la connaissance des contestations entre maîtres et domestiques et gens de services à gages.

ment du trafic auquel ils sont attachés. L'art. 634 était nécessaire, car en contractant avec le marchand, ses employés n'ont point fait un acte de commerce, le louage de service à leur égard est resté un contrat de droit civil. Selon le droit commun, ils n'eussent pu être assignés que devant leurs juges naturels, les juges civils. C'est un principe, en effet, que, pour la compétence, il faut appliquer la règle *actor sequitur forum rei*.

Mais il se peut que les commis et préposés actionnent à leur tour le marchand, leur patron. Devant quelle juridiction devront-ils assigner? La difficulté provient de ce que le contrat est *mixte*, que le marchand en louant les services de ces personnes à l'occasion de son négoce a fait un acte de commerce. Le *forum rei* c'est pour le patron le tribunal de commerce ; d'un autre côté il peut être dur de contraindre la partie pour qui l'acte est civil à plaider devant des juges qui ne sont pas ses juges naturels et qui se référeraient peut-être à des usages commerciaux qu'elle n'est pas forcée de connaître. La jurisprudence (1) a adopté une opinion intermédiaire. Elle décide que le demandeur peut opter entre la juridiction civile et la juridiction commerciale (2). C'est une pratique bien établie et elle

(1) V. Lyon-Caen et Renault, *Précis de dr. commerc.*, n° 3181.

(2) V. Cass., 22 févr. 1859; S., 59, 1, 321. — Cass., 11 janvier 1869; S., 69. 1, 13. — Aix, 15 janvier 1884; D., 85, 2, 49. — *Adde*, ord. 1673, tit. XII, art. 10.

se conçoit devant la rédaction de l'art. 634 du Code
de commerce. Mais on peut regretter cette même
rédaction qui se trouve ne plus établir qu'une demi-
mesure devenue injustifiable. Si les commis et préposés ont un intérêt légitime à revendiquer les juges
civils, on ne comprend plus pourquoi ils peuvent être
actionnés devant le tribunal de commerce.

En dehors des commis, facteurs attachés à son négoce
et énoncés dans l'art. 634 du Code de commerce, un
commerçant peut employer d'autres personnes. S'il
s'élève une contestation, quel sera le tribunal compétent?

La difficulté provient de ce que le juge de paix et le
conseil de prud'hommes sont juges des contestations
qui peuvent s'élever à propos des engagements des
gens de travail, ouvriers et *apprentis*. Quelle juridiction
sera compétente lorsqu'un contrat intervenu entre
ces personnes et un commerçant sera de nature *mixte*?
Evidemment le preneur ne pourra agir devant le tribunal de commerce, ne pouvant distraire de ses juges
naturels une personne qui a contracté civilement; mais
le bailleur de services pourra-t-il choisir entre la juridiction de paix des prud'hommes ou celle du tribunal
de commerce?

Pour nous, le tribunal de commerce n'est point
compétent. Le législateur a voulu d'une façon bien
nette attribuer aux conseils de prud'hommes les connaissances des contestations relatives aux engagements

des ouvriers de fabrique et de manufactures (1). De
même la loi de 1838, rend le juge de paix compétent
pour toutes les contestations relatives aux engagements
des gens de travail, domestiques, gens de services à
gages, ouvriers (2).

Si on oppose que le contrat intervenu est *mixte*, il
faut répondre par le vieil adage : *specialia generalibus
derogant*. C'est en vertu de ce principe que la connaissance des contestations relatives aux engagements des
serviteurs attachés au commerce du maître est enlevée
au tribunal de commerce et attribuée au juge de paix (3).

Il en serait ainsi même si les personnes employées
étaient intéressées dans l'exploitation et recevaient de
cette manière une partie de leur salaire ; le contrat en effet
ne cesserait point d'être civil à leur égard ; un acte de
spéculation n'est point forcément commercial (4).

Les tribunaux de commerce sont, nous l'avons
dit, juges d'appel des conseils de prud'hommes ; mais
ils ne le sont pas des décisions des tribunaux de paix
substituant ces conseils.

(1) V. Dalloz, *J. G.*, V. *Ouvriers*, n° 10 ; *Prud'hommes*, n° 79.
Lyon-Caen et Renault, *loc. cit.*, n°s 3181, 3243.

(2) V. Dalloz, *J. G.*, *Compét. civile des trib. de paix*, n°s 148
et suiv.

(3) V. Dalloz, *Code de procédure civ. annoté*, p. 17, n° 88. —
Ce dernier point cependant pourrait faire doute ; v. Lyon-
Caen et Renault, *loc cit.*, n° 3181.

(4) Lyon-Caen et Renault, *loc. cit.* — Trib. civ. de la Seine,
18 déc. 1885. *Gazette du Palais*, 1886, 1, 92.

§ 4. *Tribunaux civils.*

Nous n'avons qu'à rappeler qu'ils sont juges de droit commun. Ils connaîtront donc de toutes contestations pour lesquelles la loi n'a pas établi de juridiction spéciale.

C'est ainsi que l'action directe des ouvriers contre le propriétaire sera portée devant eux, même si l'entrepreneur venait à tomber en faillite : il y a, en effet, un lien de droit direct, d'une nature civile, créé par l'art. 1798 entre les ouvriers et le propriétaire, et la seule conséquence de la faillite sera d'obliger les ouvriers à appeler incidemment en cause devant le tribunal civil, le syndic de la faillite.

§ 5. *Juge des référés.*

Le juge des référés est autorisé à prendre les mesures urgentes, mais il ne peut statuer sur le fond du droit.

Si un domestique congédié refuse de quitter la maison de son maître, ce dernier obtiendra l'expulsion par la voie d'une assignation en référé. Le juge est compétent parce qu'il y a urgence à ce qu'une personne ne reste pas sans droit chez quelqu'un. En statuant, le juge ne tranche point une question de droit, il constate que le congé étant donné, le domestique doit s'en aller.

Si ce dernier objectait que ses gages n'ont pas été payés, le juge ne pourrait pas condamner le maître à les payer, en ce qui toucherait la somme contestée, mais pourrait l'obliger à consigner une somme suffisante pour garantir les droits du domestique (1).

(1) V. Guillouard, *Louage*, II, p. 234, et les arrêts en note.

CHAPITRE V

L'art. 2101, § 4 du Code civil établit un privilège pour les salaires des « gens de service, pour l'année échue et ce qui est dû sur l'année courante ». Il n'est guère que la reproduction d'un passage de Bourjon qui constate l'existence d'un semblable privilège dans notre ancien droit : « Quant au privilège accordé aux domestiques pour les gages à eux dus, il a lieu pour l'année échue et la courante » (1).

Le privilège porte sur la généralité des meubles du maître et subsidiairement sur ses immeubles.

Que faut-il entendre par *gens de service*? D'après Zachariæ (2), il n'y a aucune différence à faire entre *gens de service* et *bailleurs de service*; les termes de l'ar-

____

(1) Bourjon, *Dr. commun*, liv. VI, tit. VIII, n° 71. — Pothier restreint à tort le privilège aux domestiques de ville. *Procéd. civ.*, n° 142.

(2) § 260, texte et note 9.

ticle 2101 sont applicables à tous ceux qui, en engageant leurs services moyennant des gages fixes, se placent d'une manière plus ou moins absolue sous l'autorité de celui chez lequel ils sont entrés en condition, et qui devient pour eux maître, chef ou principal. Il n'en faudrait donc exclure que les personnes conservant leur indépendance. Mais cette manière d'interpréter notre article ne nous semble pas exacte et n'a point prévalu. Il n'est, nous l'avons dit, que la reproduction d'un passage de Bourjon, qui n'accordait le privilège qu'aux *domestiques*; c'est-à-dire aux gens attachés au service personnel des maîtres ou à celui du ménage. La loi du 11 brumaire an VII, art. 11, qui contient la même disposition, ne parlait que des *domestiques*; il ne semble pas que le Code, en employant l'expression *gens de service*, ait voulu s'écarter sensiblement des précédents. Il y a une réelle synonymie entre les deux termes et tout ce que l'on peut induire de la plus grande portée du mot *gens de service*, c'est qu'il faut étendre le privilège à tous ceux qui rendent des services analogues à ceux des domestiques, qui se trouvent placés dans les mêmes conditions de pauvreté et de dépendance, notamment aux gens attachés à une exploitation rurale, concierges, etc. Mais nous ne l'étendrons point aux secrétaires, commis, clercs, etc. (1).

(1) De même au mandataire salarié : nous ne saurions voir dans ce cas un louage de services. V. Req. 8 janvier 1839;

Ce privilège se justifie très bien par un motif qui en restreint naturellement l'application. Il s'agit, disent MM. Aubry et Rau, de créances d'une importance peu considérable d'ordinaire et représentant des services indispensables aux familles (1).

Ce n'était point suffisant : la situation précaire des commis des marchands, des ouvriers de l'industrie, de tous les bailleurs de services qui vivent de leur salaire appelait l'extension législative du privilège. C'est ce qu'a fait la loi du 28 mai 1838 sur les faillites. L'article 549 du Code de commerce a été modifié ainsi : « Le salaire acquis aux ouvriers employés directement par le failli pendant le mois qui aura précédé la déclaration de faillite, sera admis au nombre des créances privilégiées au même rang que le privilège établi par l'art. 2101 du Code civil, pour le salaire des gens de service. Les salaires dus aux commis pour les six mois qui auront précédé la déclaration de faillite seront admis au même rang. »

Implicitement ce texte justifie donc l'interprétation donnée à l'art. 2101 par la doctrine et la jurisprudence. Mais on a discuté encore sur le sens de ses expressions. On a voulu ranger les artistes dramatiques parmi les

D., *Rép.* V. *Priv. et hyp.*, p. 61. — A l'égard des commis des marchands la question avait été discutée en jurisprudence. Elle ne l'est plus depuis la loi de 1838 sur les faillites.

(1) III, § 260, p. 133, note 19.

commis ou les ouvriers (1). Cela était bien difficile et l'opinion contraire a prévalu (2).

Le privilège de la loi de 1838 est fondé sur ce motif que, les patrons ayant l'habitude de ne payer leurs ouvriers qu'au mois ou à la quinzaine, il est équitable de ne pas les priver d'un salaire qu'ils escomptent le plus souvent pour vivre. Le préjudice est relativement peu considérable pour les créanciers de la masse, et on peut dire que commis et ouvriers ont contribué à la conservation de cette masse (3).

Sous le nom d'*ouvriers* il faut comprendre les apprentis pour le montant du salaire qu'ils touchent, les contremaîtres et les chefs d'ateliers, tous ceux qui vivent d'un travail manuel. On ne saurait étendre le privilège aux traitements des ingénieurs en sous-ordre. On pourrait l'étendre au salaire des tâcherons (V. ce qui est dit *infra* sur l'art. 1798, C. civ.).

Le privilège des ouvriers est, quant au droit de pré-

----

(1) V. en ce sens Rolland de Villargues, *Rép. du not.*, V° *Engagement d'acteur*, n° 215; Vivien et Blanc, *Législ. des théât.*, n° 270. — Montpellier, 20 mars 1862; S., 1862, 2, 270.

(2) Lacan et Paulmier, *Lég. des th.*, I, 346. — Aubry et Rau, III, § 260, p. 135, note 24. — Paris, 20 juin 1863; S., 1863, 2, 254. — C. Req., rej., 24 févr. 1864; S., 64, 1, 59.

(3) On pourrait, en s'autorisant de l'art. 2271 du C. civ. étendre le privilège au payement des fournitures faites par les ouvriers. Par analogie de cet article nous étendrons à ces fournitures le bénéfice de l'art. 1798. — V. ch. vi, *Prescription*.

férence, dispensé d'inscription comme tous les privilèges de l'art. 2101. Il en est dispensé aux termes de l'art. 2107, bien qu'il s'étende subsidiairement sur les immeubles. Il est évident que la double inscription exigée pour la conservation du privilège des ouvriers, ne s'applique nullement aux ouvriers dont nous nous occupons ici, mais seulement à ceux que la loi considère comme entrepreneurs sur devis et marchés (*locatores operis*). Les termes de l'art. 2110 ne peuvent laisser aucun doute à cet égard.

La loi de 1838 a laissé une lacune. Dans certains cas, celui qui emploie des commis ou des ouvriers n'est point commerçant, par exemple celui qui exploite une mine, et s'il tombe en déconfiture la loi ne s'applique point. Il n'y a cependant point raison de distinguer (1).

Certains ouvriers, « les maçons, charpentiers et autres ouvriers qui ont été employés à la construction d'un bâtiment ou d'autres ouvrages faits à l'entreprise », ont une action directe contre celui pour le compte duquel les travaux ont été faits (art. 1798, C. civ.). Aussi les ouvriers qui n'ont pas été payés par l'entrepreneur qui les emploie peuvent toujours agir contre le propriétaire dans les limites de ce qu'il doit à cet entrepreneur.

Cette action n'est point basée sur l'art. 1166 du Code civil, c'est une action directe.

(1) V. Glasson, *loc. cit.*, p. 41.

On s'est demandé quel était le caractère de cette faveur faite à l'ouvrier, si elle comportait pour lui établissement d'un privilège.

M. Labbé l'a soutenu (1). « Les ouvriers, dit-il, ont par leur travail fait naître la créance de l'entrepreneur ; sans eux le maître ne devrait aucun prix. Chacun d'eux peut donc dire aux autres créanciers de l'entrepreneur *causam pignori dedi*, et il est juste que ces autres créanciers ne soient payés sur les sommes dues par le maître qu'après le désintéressement complet des ouvriers, qui ont créé par leur travail cet élément du patrimoine de leur débiteur commun.

Voilà pour sa justification ; maintenant le savant professeur établit le privilège par un argument d'analogie. Il invoque l'art. 3 du décret du 26 pluviôse an II qui, tacitement, crée un privilège au profit des ouvriers et fournisseurs de matériaux des entrepreneurs qui ont exécuté des travaux pour le compte de l'État. Si les ouvriers ont ici un privilège, n'est-ce pas pour un motif tout aussi puissant dans l'hypothèse de l'art. 1798, parce qu'ils ont créé une valeur au profit du débiteur commun.

Evidemment, l'analogie est exacte, et il peut y avoir de bonnes raisons d'étendre législativement ce privilège aux ouvriers de tout entrepreneur ; mais le motif qui serait déterminant pour le législateur n'est pas con-

____

(1) *Revue critique*, 1876, p. 571 et suiv., p. 663 et suiv.

cluant pour l'interprète. Ce qu'on donne d'une main
aux ouvriers au moyen du privilège, on le retire d'une
autre à des créanciers qui peuvent être tout aussi inté-
ressants; on viole le principe que le patrimoine d'un
débiteur est le gage commun de tous les créanciers.
Tout privilège est une faveur, par conséquent une
exception; il faut donc l'appliquer d'une façon restric-
tive. Le décret de l'an II a implicitement constitué le
privilège, puisque : 1° Il interdit à tous créanciers des
entrepreneurs de travaux pour le compte de l'Etat de
faire aucune saisie-arrêt ou opposition sur les sommes
dues aux entrepreneurs jusqu'à la réception des travaux; 2° il autorise seulement les saisies-arrêts, après
la réception des travaux, sur ce qui restera dû à cette
époque, et lorsque les sommes dues aux ouvriers et
fournisseurs auront été acquittées; 3° ces mêmes ouvriers et fournisseurs peuvent pratiquer des saisies-
arrêts avant la réception des travaux.

C'est bien là en fait un privilège. Rien de semblable
dans l'art. 1798. La saisie-arrêt peut être faite par tout
le monde, et à tout moment; c'est valablement que le
créancier sera ensuite payé. Si l'ouvrier avait un privilège, il n'en pourrait pas être ainsi. Il n'a qu'une
action directe sur ce qui peut être encore dû (1).

(1) Besançon, 16 juin 1863; S., 63, 2, 206. — Paris, 12 avril
1866; S., 66, 2, 252. — Grenoble, 27 juillet 1866; S., 68, 2,
80 : le privilège de la loi de l'an II ne saurait être étendu
aux travaux des départements et des communes.

C'est déjà une faveur qui lui est faite, car il n'a pas contracté avec le propriétaire; elle lui permet, en cas de faillite, de demander l'attribution privative de sommes que, sans cela, il devrait verser à la masse. Il ne subira que le concours des autres ouvriers (1).

Comme conséquence de l'opinion que nous admettons, il faut décider que le payement effectué par le propriétaire éteint l'action directe des ouvriers, même s'il est anticipé, pourvu qu'il ait été fait de bonne foi (2). Aussi, l'entrepreneur peut céder sa créance contre le propriétaire avant l'achèvement et la réception des travaux. Par ce moyen, il pourra, en consentant la cession dès le début des travaux, rendre vaine l'action des ouvriers; mais il n'y a aucun moyen de l'empêcher, si ce n'est en prouvant la mauvaise foi du cessionnaire. Seule, une opposition faite à temps par les ouvriers, empêcherait la cession; mais il faut convenir que les ouvriers n'ont pas la liberté de recourir à ce procédé.

Il ne faut pas conclure de là que la disposition de notre article soit inutile. Elle a son intérêt, nous l'avons vu. L'art. 1166, dont l'utilité est certes incontestable, n'a plus, lui aussi, d'objet quand le payement a été anticipé, ou lorsque la créance a été cédée.

L'action directe des ouvriers serait paralysée par un troisième événement, la saisie-arrêt pratiquée par

---

(1) Il a donc deux actions, l'une contre son patron, l'autre contre le propriétaire.

(2) L'art. 1753 prohibe les payements anticipés.

5.

d'autres créanciers entre les mains du propriétaire, lorsqu'elle a été validée avant que l'action ait été intentée (1). Cependant cette dernière conséquence n'est pas admise par tout le monde. On se demande, non pas si l'action directe ne permet point de passer outre, mais si le jugement de validité en matière de saisie-arrêt a pour résultat d'approprier celui qui l'obtient, ou seulement de faire rentrer la créance saisie-arrêtée dans le patrimoine du débiteur, dans notre cas de l'entrepreneur. C'est là une controverse dans laquelle nous ne pouvons entrer; aussi, nous sommes-nous borné à indiquer à propos de l'art. 1798, la solution admise par la jurisprudence.

L'action de l'art. 1798 doit être elle-même accordée privativement aux personnes indiquées par le texte, c'est-à-dire aux *ouvriers*. Comme conséquence, nous exclurons les *fournisseurs de matériaux* de l'entrepreneur. Le décret de l'an II contenait à leur égard une disposition qui n'a pas été reproduite par notre article dans la mesure du bénéfice qu'il accorde. C'est une lacune; mais seule la loi peut rompre l'égalité qui doit exister entre les créanciers (2). Mais on admet généralement un tempérament en accordant cette action aux ouvriers qui, pour l'exécution de l'ouvrage dont ils se sont chargés, ont employé des matériaux qui leur

(1) Bordeaux, 31 mai 1854; S., 1854, 2, 702. — Poitiers, 9 juillet 1863; S., 63, 2, 259.
(2) Cass., 28 janvier 1880; S., 80, 1, 416.

appartenaient (art. 2271, C. civ., arg. anal.) (1). C'est,
dit-on, que l'art. 1798 a pour but d'assurer le payement
du travail manuel. Mais on ne peut admettre cette
extension qu'autant que la fourniture de matériaux est
l'accessoire du travail manuel.

Nous exclurons aussi du bénéfice de l'action directe
les sous-entrepreneurs qui ont obtenu la cession d'une
partie du travail (2). Ils ne sont pas des ouvriers. Ce
que la loi a voulu garantir, c'est le salaire du travail
manuel et non le gain de la spéculation. Cependant,
on devrait l'accorder au *tâcheron* qui, bien qu'il se fasse
aider par d'autres ouvriers à ses gages, n'en est pas
moins lui-même un ouvrier. Sur ce point, la jurisprudence est hésitante. Mais nous croyons que ce n'est
pas donner au mot *ouvrier* une extension exagérée (3).
Il y a bien une légère spéculation, mais qui n'est que
l'accessoire d'un véritable salaire payé au travail.

Il n'y a pas non plus de bonnes raisons pour ne pas
accorder l'action directe aux ouvriers employés par le
sous-entrepreneur (4).

---

(1) Aubry et Rau, IV, § 374, p. 536. — Cass., 12 févr. 1886,
arrêt cité.

(2) Cass., 11 nov. 1867; D., 67, 1, 444. — Nous exclurons
aussi les commis du sous-entrepreneur.

(3) Aubry et Rau, IV, § 375, p. 537. — Cass., 12 février
1866; S., 66, 1, 94.

(4) Après avoir payé ses ouvriers, ce dernier n'est pas su-
brogé légalement à l'action directe des ouvriers. — V. Cass.,
12 fév. 1866, *précité.*

Il faut encore restreindre cette action en ce sens qu'elle ne peut être intentée que contre le propriétaire. Il se pourrait que l'entrepreneur tombât en faillite après avoir cédé son marché à un second cessionnaire. Dans ce cas, les ouvriers n'auraient point d'action directe contre le cessionnaire pour obtenir le payement des sommes dues à l'occasion de la cession, qui tomberaient dans la masse commune.

En revanche, dans le cas ordinaire de la faillite, l'ouvrier aura deux actions. Il pourra agir contre le propriétaire en vertu de l'art. 1798 et s'il n'est payé que partiellement, produire à la faillite pour le surplus de sa créance (1).

(1) Paris, 17 août 1863; S., 63, 2, 258.

CHAPITRE VI

PRESCRIPTION DES ACTIONS

Toutes les actions du louage de services sont soumises, en principe, à la prescription du droit commun. En ce qui concerne l'action en payement de salaires le législateur a apporté, dans les art. 2271, 2272, 2277 du Code civil, des dérogations au droit commun.

§ 1. *Prescription de six mois* (art. 2271, C. civ.).

Se prescrivent ainsi les actions des maîtres et instituteurs des sciences et arts pour les leçons qu'ils donnent *au mois* (1); celles des ouvriers et gens de travail, pour le payement de leurs journées, fournitures et salaires.

(1) Si les leçons étaient payables par année ou par trimestre, la prescription ne s'accomplirait que par cinq ans.

Par *ouvriers et gens de travail* on doit comprendre les simples artisans, et tous ceux qui sont payés à la journée ou à la pièce, quelle que soit d'ailleurs la nature de leurs services ou de leurs travaux (1).

On ne saurait y faire rentrer les entrepreneurs, mais seulement les tâcherons.

§ 2. *Prescription annale* (art. 2272, C. civ.).

Cette prescription s'applique : 1° aux actions des médecins, chirurgiens en payement des sommes dues pour visites, opérations ; 2° à celles des domestiques qui se louent à l'année pour le payement de leur salaire.

Ces deux prescriptions de six mois et d'un an des art. 2271, 2272, courent malgré la continuation des fournitures, services ou travaux, de telle sorte qu'elles s'accomplissent, en ce qui concerne les différents articles de réclamation, par les délais indiqués, comptés à partir du jour des fournitures, services ou travaux correspondant à chacun d'eux (art. 2274) (2).

(1) Elle s'applique au contremaître payé à la journée : Cass., 7 janvier 1824 ; S., 24, 1, 90.

(2) Nous l'étendrions aux déboursés que l'usage est de laisser faire aux domestiques et pour lesquels nous leur avons reconnu un privilège. — V. ch. v.

Nous en ferions l'application aux honoraires des médecins. Cependant, à leur égard, la question est controversée (V. Aubry et Rau, VIII, § 774, p. 443).

On appliquera les règles générales de ces courtes prescriptions. Rappelons seulement qu'elles sont fondées sur une présomption de payement, qu'elles courent contre les mineurs et les interdits et ne sont point interrompues par la mort du débiteur.

Elles ne s'appliquent qu'aux actions des bailleurs de services ayant les objets spécifiés.

§ 3. *Prescription de cinq ans.*

Les actions en payement de salaires des bailleurs de services non compris dans les art. 2271, 2272 se prescriront par cinq ans, en vertu de l'art. 2278 du Code civil qui vise tout ce qui est payable par année ou à des termes périodiques plus courts.

On l'appliquera aux actions des préposés, facteurs, commis des marchands (art. 634, C. com.) (1), précepteurs (conf., art. 2272, § 4), ingénieurs, etc., pourvu que le salaire soit payé au moins à l'année.

Nous ferons, quant au reste, les mêmes observations que pour les prescriptions précédentes.

(1) Paris, 6 juillet 1887. — *Gaz. Pal.*, 87, 271.

CHAPITRE VII

FIN DU LOUAGE. — CONGÉS

Le louage prend fin :

1° Par le consentement des parties.

2° Par l'exécution des obligations.

3° Par la résolution prononcée en justice.

4° Par tout événement de force majeure.

5° Par la volonté d'une des parties lorsque la durée du bail était indéterminée.

Le consentement des parties avait donné naissance au contrat, il peut le détruire.

Il prend fin par l'arrivée du terme exprès ou tacite, pour lequel il avait été fait (1).

Lorsque le contrat devait être exécuté dans un certain temps et qu'une des parties laisse passer ce temps sans accomplir ses obligations, le louage se trouve naturellement éteint. C'est ce qui aura lieu si je loue

(1) Il peut y avoir lieu à tacite reconduction dans le louage de services. — V. Pothier, n° 372.

des moissonneurs et des vendangeurs qui n'arrivent qu'après la moisson ou la vendange, ou même lorsqu'elles sont commencées. Le contrat n'a pas été exécuté par l'autre partie qui a violé une condition tacite.

Le contrat n'est pas davantage exécuté s'il ne l'est pas de bonne foi. Chaque obligation doit être accomplie de la manière prévue ou en usage. Les défauts du maître et du domestique, par exemple, l'incapacité de ce dernier, seraient des motifs suffisants de résiliation.

En cas d'inexécution de ses obligations par une des parties, le contrat n'est pas résolu de plein droit (1). Nous sommes en face d'une cause de résolution plutôt que d'extinction. L'autre partie peut demander en justice la résolution du bail et, s'il y a lieu, des dommages-intérêts. Il ne peut être question d'exécution forcée, car il ne saurait être porté atteinte à la liberté individuelle, même pour sanctionner une convention. C'est notre patrimoine qui doit répondre pour nous.

Cela est vrai à l'égard des deux parties quand le bail a été fait pour une durée indéterminée. Dans le cas contraire, il faudrait distinguer entre le bailleur et le preneur. Le premier ne peut jamais être contraint directement à fournir ses services, mais le second peut-il être contraint à les supporter? Oui, car il ne peut

____

(1) Sauf clause expresse.

être question d'atteinte à la liberté individuelle. C'est ainsi qu'il a été décidé à l'égard d'un gérant de fonds de commerce, qui avait été chassé de son emploi sans qu'aucun grief sérieux ait été articulé (1).

Le louage finit par tout obstacle résultant d'un événement de force majeure.

Telle est la mort du bailleur ou une maladie corporelle ou mentale le mettant dans l'impossibilité de remplir ses obligations. Dans ce cas, les gages ne sont dus que proportionnellement à la durée des services rendus. C'est le principe incontestable ! Cependant en cas de maladie de courte durée ne faisant que suspendre les services d'un domestique, on décide que le maître doit les gages même pour le temps de cette maladie (2).

L'obligation de partir pour l'armée est considérée comme un cas de force majeure, s'il ne s'agit pas d'un enrôlement volontaire. Il y a donc extinction du louage qui, comme dans les cas précédents, ne donne pas ouverture à une action en dommages-intérêts. De même si le bailleur s'enfuyait pour échapper à la contrainte par corps et était reconnu ensuite innocent. On ne saurait voir un cas de force majeure dans le cas où le bailleur romprait son engagement pour se marier,

(1) Paris, 1ᵉʳ février 1873; S., 1873, 2, 87.
(2) Arrêts du Parlement de Paris, 15 juin 1419 et 22 septembre 1483, rapportés par Despeisses. — Duvergier, II, n° 292.

pour remplir un devoir de piété filiale. Les principes l'exigent, mais on conçoit que dans l'application, le juge tienne compte de pareils motifs.

Le preneur ne peut être obligé de payer des services qu'il n'a pas reçus. Mais s'il manquait de les recevoir parce que c'est sur lui qu'est tombée la force majeure, — que décider? Supposons par exemple que vous engagez un domestique et vous mourez lorsqu'il allait entrer en place. Le domestique a-t-il droit à une indemnité? A Rome on distinguait. Oui, disait-on, s'il n'a pas loué ses services à une autre personne. C'était l'avis d'Ulpien, de Papinien, de Paul. C'est aussi l'avis de Troplong (1). Le motif des Romains est qu'il n'a pas dépendu du bailleur que le contrat s'accomplît. Quant à la raison adoptée par Troplong, c'est celle que donnait le président Favre : « Lorsqu'une personne est prête à faire un ouvrage, qu'une circonstance de force majeure qui tombe sur le maître l'empêche d'exécuter, on tient cet ouvrage pour fait toutes les fois qu'il s'agit de l'avantage de cette personne ».

Nous pensons avec M. Guillouard (2) que l'opinion contraire doit être admise. Le bailleur et le preneur sont sur un pied d'égalité absolue, on ne voit donc pas pourquoi le cas fortuit qui libère l'un, ne libérerait point l'autre. Mais il faut que l'événement soit bien un

(1) Troplong, nᵒ 879.
(2) *Loc. cit.*

cas de force majeure à l'égard de la convention. C'est
ce qui arrivera lorsque le maître décédé avait loué un
domestique. S'il avait loué des ouvriers pour une
usine, il n'en serait pas de même, à moins que sa mort
ne fût pour elle une cause d'arrêt. Il y aurait force majeure et le maître pourrait renvoyer ses ouvriers sans
indemnité si la guerre l'empêchait de s'approvisionner
des matières premières nécessaires à la marche de son
usine. Un événement de force majeure qui rendrait
seulement l'exécution de la convention onéreuse ou
difficile, ou bien qui ne ferait que la retarder ou la
suspendre, autoriserait, sans résoudre le contrat, à y
apporter des tempéraments et des modifications dont
les tribunaux seront juges. C'est ce qu'a fort bien défini un arrêt de la Cour de Nancy du 14 juillet 1871,
appliqué au cas de guerre (S., 1873, 2, 38).

La force majeure peut tomber aussi sur les choses
elles-mêmes. C'est ce qui arrive, par exemple, lorsque
la chose à laquelle les services devaient être consacrés
vient à périr. Ainsi j'ai loué un ouvrier pour réparer le
toit de ma maison à raison de tant pour chacune des
journées qu'il emploiera; mais avant qu'il ait com-
mencé l'ouvrage ma maison est détruite par un incendie, ou elle s'écroule par suite d'un vice de construction. Dans ces deux cas, il y a force majeure relativement à notre contrat. On pourrait supposer que ma récolte est brûlée et que je suis obligé de renvoyer mes

moissonneurs. Cet accident me délie absolument de mes obligations.

On peut supposer que sans détruire la chose, le cas fortuit rende l'exécution contraire aux usages. C'est ce qui arrive lorsque le mauvais temps surprend des vendangeurs. Chacun peut sans indemnité exiger que le travail soit remis ou ne soit pas fourni. Si le mauvais temps ne survient que la journée commencée, le maître ne devra qu'une partie proportionnelle du prix.

Il est une dernière cause de résiliation du louage de services dans le droit pour chaque partie de dénoncer le contrat.

Ce droit n'existe point lorsque le bail est fait pour une durée déterminée. Mais, comme nous l'avons dit, il est bien rare que sans violer la liberté individuelle, les tribunaux puissent assurer l'exécution des engagements. Indirectement, en s'exposant à des dommages-intérêts, les parties arriveront à résoudre *ad nutum* un bail fait pour un temps ou en vue d'une œuvre déterminés.

S'appuyant sur cette idée la Cour de Lyon a validé un bail qui, malgré le terme fixé au contrat, permettait à chaque partie de résilier la convention à son gré. En effet, on ne saurait objecter qu'elle renferme une condition potestative prohibée par l'art. 1174, puisque chaque partie peut à sa guise rompre l'engagement. La clause ne leur donne point ce pouvoir, et son seul effet est d'empêcher toute demande de dommages-intérêts contre la partie qui se retire du contrat (1).

D'ordinaire la durée de la convention ne sera pas déterminée. Quel est dans ce cas le droit de chaque partie? Se retirer du bail quand bon lui semble, en donnant congé suivant l'usage des lieux. Elle ne sera tenue à aucuns dommages-intérêts. La Cour de cassation, dans une jurisprudence constante, a posé cette règle : « Attendu que le louage de service et d'industrie, sans détermination de durée, peut toujours cesser par la libre volonté de l'un des contractants, à la seule condition d'observer les délais de congé spécifiés, soit par l'usage, soit par les accords exprès ou tacites des parties (2). » Et passant à l'application la Cour casse un arrêt qui allouait des dommages-intérêts sans constater la violation d'un usage par le patron et sans relever une faute imputable à ce dernier : « Que cependant, après avoir écarté comme non applicable à Johnson l'usage suivi à Fougères en cas de renvoi d'un contre-maître, la Cour de Rennes, considérant Johnson comme un employé ou collaborateur d'un ordre plus

______

(1) Lyon, 6 février 1857; S., 57, 2, 560. — Il faut excepter le cas où le contrat de bail ne serait déjà pour le maître qu'un moyen de payer des dommages-intérêts, par ex. : vis-à-vis d'un ouvrier blessé. Dans ce cas il y aurait lieu, en cas de renvoi, à une indemnité, mais basée sur la responsabilité du maître dans l'accident.

(2) C., 17 mai 1887 ; D., 1887, 1, 410 et les arrêts en note.

élevé, lui a accordé une indemnité de 2,500 francs
sans signaler l'existence d'aucun usage applicable à
cette catégorie d'employés et sans relever contre Cor-
dier aucune faute qui fût de nature à le rendre passible de dommages-intérêts à raison du préjudice causé
au défendeur par le congé qui lui a été notifié......
Casse. »

M. Laurent critique cette jurisprudence qu'il qua-
lifie de nouvelle : « Cela implique, dit-il, que renvoyer
un employé sans motif sérieux n'est pas une infraction
aux conditions de l'engagement ; par conséquent, que
l'employé s'engage sous cette condition que la compagnie se réserve le droit de le renvoyer sans motif sérieux, donc sans motifs, par une mesure arbitraire,
fût-ce un caprice. Est-ce bien là l'intention des parties
contractantes (1)? »

Avec M. Guillouard (2) nous dirons que cette critique ne nous semble pas fondée. Les parties ont contracté sans limitation de durée expresse ou tacite, on
peut donc dire que c'était bien leur intention de pouvoir mettre fin à la convention quand bon leur semblerait. C'est le contraire qui serait surprenant! Cette liberté est essentielle au bail ainsi conclu. Qu'on ne
crie pas à l'injustice! Si le fait paraît brutal, contraire
souvent au devoir de charité du maître, il se justifie

____

(1) Laurent, *Principes de droit civil*, XXV, p. 569 et suiv.
(2) *Loco citato.*

juridiquement par cette considération que les parties
ont un droit réciproque, égal de renoncer à la convention quand bon leur semblera. L'employé peut quitter
son maître par caprice, en lui causant un préjudice.
Ce n'est pas une nouvelle jurisprudence quoi qu'en dise
M. Laurent. L'arrêt de 1859 (1) qu'il invoque décidait
déjà comme celui de 1885. Un chef de chant de l'O-
péra impérial avait été congédié, et ses services devaient cesser le surlendemain de la notification prise
à son égard. Bien entendu, il ne recevait pas d'indemnité et le bail avait été fait sans durée déterminée. Sur
sa réclamation la Cour de Paris (2) lui alloue une indemnité équivalente à une année d'appointements.
Mais elle se base sur une pure condition de fait, l'usage
qui voulait que le congé fût donné une année à l'a-
vance. « Considérant... qu'*en cette qualité d'artiste*
et à défaut d'une date déterminée pour l'expiration de
son engagement, il ne pouvait, suivant l'usage en matière d'engagements dramatiques, être congédié qu'au
moyen d'une indemnité équivalente à une année d'appointements. » En cassation l'arrêt est validé pour ce
motif : « Que si la loi ne détermine aucun délai à observer, la renonciation ne peut cependant être faite à
contre-temps et d'une manière préjudiciable à l'intérêt
de l'une des parties ; que, dans ce cas, les tribunaux

(1) R., 8 févr. 1859 ; D., 1859, 1, 58.
(2) Sous l'arrêt de cassation.

peuvent, d'après les circonstances, la nature des services engagés, les habitudes professionnelles des contractants, les conditions nécessaires de leur industrie ou de leur art, accorder à celui vis-à-vis duquel la convention a été trop brusquement abandonnée une indemnité dont la fixation rentre dans leur droit souverain d'appréciation. » Que dit cet arrêt? Deux choses. D'abord et implicitement que si le brusque renvoi n'a pas été préjudiciable, il n'y a pas lieu d'accorder des dommages-intérêts. En second lieu qu'en cas de préjudice causé les tribunaux, constatant « les habitudes professionnelles des contractants », peuvent constater le droit à une indemnité et l'arbitrer.

Tel est bien le sens du deuxième alinéa cité qui vise la constatation d'usage faite par la Cour de Paris. Mais ce n'est pas dire autrement que l'arrêt de 1885 qui veut qu'on relève l'existence « d'un usage applicable », d'une clause tacite. Les parties (1) ont donc le droit absolu de résoudre le contrat quand bon leur semble (2). Ce n'est que lorsqu'elles auront, sans motifs sérieux violé l'obligation de donner congé dans les délais ou

(1) Dans l'ancien droit le maître seul avait cette faculté à l'égard des domestiques. Ceux-ci devaient rester jusqu'au prochain terme où il était d'usage de les louer, ou jusqu'à ce que leur maître fût pourvu. Pothier, *Louage,* n° 176.

(2) Jugé que bien que les appointements aient été fixés à tant par année, les parties peuvent résoudre le contrat avant l'expiration de l'année. — Caen, 20 août 1849; D., 50, 2, 45.

6.

quand une faute à leur charge sera relevée qu'elles devront des dommages-intérêts. Ceux-ci, comme le dit l'arrêt de 1859, seront arbitrés par les tribunaux.

C'est l'usage qui fixe le délai du congé. Il est en général calculé sur le temps nécessaire à chaque partie pour contracter avec une autre personne. — Mais que faut-il entendre par faute, puisqu'elle aussi peut donner lieu à des dommages-intérêts? L'arrêt de 1885 parle d'une faute « à raison du préjudice causé au défendeur par le congé qui lui a été notifié. » Il en serait ainsi si le renvoi était tellement précipité qu'il fût injurieux pour l'ouvrier, comme en le jetant précipitamment dans la rue, lui, sa famille et son mobilier et sans lui laisser le temps de chercher un autre asile (1), ou de nature à nuire à sa réputation, par les formes employées, — tout cela sans motifs légitimes.

L'usage vient corriger la doctrine un peu rigoureuse que nous avons exposée. Il n'est guère de profession dans laquelle il ne soit nécessaire de donner congé dans un certain délai.

Mais le principe doit être sauvegardé et il faut que l'usage soit constaté.

On s'est demandé si certaines professions n'échappaient, pour différents motifs, aux règles que nous venons de voir.

Tout d'abord les agents des compagnies d'assurances

(1) Bordeaux, 3 juin 1867; S., 68, 2, 118.

ne peuvent-ils pas être renvoyés sans indemnité même à contre-temps? Bien entendu une clause dans ce sens serait licite (1).

La difficulté vient de ce que l'agent d'assurances est chargé de représenter la compagnie vis-à-vis des tiers, et qu'à ce point de vue on pourrait le considérer comme un mandataire. Or le mandat est révocable de sa nature, et l'exercice du droit de révocation n'ouvre point d'action en dommages-intérêts au mandataire. Il faut répondre que l'agent d'assurances n'est qu'un employé comme un autre, un commis. Tout commis peut engager la maison de commerce qu'il sert. Il faudra donc appliquer les règles vues. C'est l'opinion de la jurisprudence (2).

Nous le ferons encore en ce qui regarde le concierge d'une maison. La circonstance qu'il y est locataire est sans influence. C'est un fait purement accessoire au louage de services et ce sont les règles de ce contrat qu'il faudra observer (3).

La question est plus délicate pour les employés d'une administration municipale et ceux de certaines grandes compagnies.

____

(1) On a longtemps contesté ce point. Il ne l'est plus, — Caen, 5 juin 1882, *Recueil de Caen*, 1882, p. 231.

(2) V. C., 8 avril 1855 ; D., 58, 1, 134. — Nancy, 23 juin 60; D.. 61, 2, 53. — Grenoble, 13 juin 1864; D., 64, 2, 207.

(3) V. Paris, Trib. de paix, 2ᵉ arrond., 25 déc. 70 ; D., 71, 3, 120.

Pour les premiers tels que les secrétaires de mairie, chefs de division, architectes-voyers, on se trouve dans l'impossibilité de concilier les principes du droit civil avec ceux du droit administratif. Le droit civil voudrait qu'on ne pût les congédier sans indemnité en certains cas. Le droit administratif permet de révoquer tout fonctionnaire sans indemnité. Ce ne sont pas des fonctionnaires, dit-on, puisqu'ils ne sont revêtus d'aucune autorité municipale ! On répond que l'acte qui les nomme est un acte administratif, que leurs fonctions constituent un « emploi communal » et qu'à ce titre on rentre dans l'application des art. 12 de la loi du 18 juillet 1837 et 88 de la loi du 5 avril 1884, que le maire nomme à tous les emplois communaux pour lesquels les lois, décrets et ordonnances, actuellement en vigueur ne fixent pas un droit spécial de nomination; qu'il *suspend et révoque les titulaires de ces emplois.* (V. Cassation, 7 juillet 1880; S., 1880, 1, 464. — Trib. des conflits, 27 déc. 1879; S., 1881, 3, 36, sur la loi de 1837).

La même solution ne saurait être donnée relativement aux employés des caisses d'épargne. Elles ont un intérêt public mais n'en restent pas moins des établissements privés (1).

Souvent le traitement de l'employé subit une retenue destinée à lui fournir une retraite. Quel est le droit de

____

(1) Dijon, 11 janvier 1882; S., 82, 2, 228.

l'employé sur les sommes ainsi retenues ? Peut-il les réclamer lorsqu'il est congédié avant d'avoir droit à la retraite ? Nous distinguerons. Si l'employé est congédié sans motifs sérieux, sa réclamation est fondée. Une semblable révocation ne se concilie pas avec cette idée de prévoyance que renferme le contrat. Est-il juste que le preneur puisse retenir une partie du traitement de l'employé en faisant luire à ses yeux l'espoir d'une longue carrière, et, le renvoyant sans raison, le priver à la fois de la retraite et des sommes qu'il avait sacrifiées ? Était-ce bien l'intention des parties ? Le consentement à la retraite n'indique-t-il pas une sorte de permanence dans l'engagement ? Ces retenues constituent un forfait, soit ! Mais un forfait dans lequel l'arbitraire du preneur ne peut être admis. Tout au moins, nous interpréterions dans ce sens toute clause qui pourrait donner lieu à contestation.

La question n'a guère d'intérêt pratique, car la plupart des compagnies font à ce sujet une stipulation expresse qui nous semble licite (1).

(1) V. en ce sens Glasson, *loc. cit.*, p. 25.

DEUXIÈME PARTIE

De la responsabilité en cas d'accident.

AVANT-PROPOS

« Si chaque instrument, dit Aristote dans un rêve,
pouvait sur un ordre donné ou même pressenti travailler de lui-même, comme les statues de Dédale ou les
trépieds de Vulcain qui se rendaient seuls, d'après le
poète, aux réunions des dieux, si les navettes tissaient
seules, les entrepreneurs se passeraient d'ouvriers et
les maîtres d'esclaves (1). »

Ce rêve n'est-il pas actuellement en quelque sorte
réalisé ! Dans toutes les industries la machine est venue
se substituer à l'homme pour les travaux de toute sorte.
L'ouvrier placé à côté d'elle en dirige la force ; il en
semble même moins le conducteur que le serviteur. La

(1) Aristote, I, II, 5, *Polit.*

puissance du travail humain a été centuplée et on peut
dire que de jour en jour la main de l'ouvrier a moins
de part dans l'objet produit.

Le monde y a gagné une richesse plus grande, les
patrons habiles ont pu y trouver la fortune; qu'y a
gagné l'ouvrier ?

Comme consommateur il a profité du bien-être devenu plus général, comme travailleur sa situation semble avoir empiré. Si son travail est devenu moins pénible, les conditions dans lesquelles il s'exerce sont
devenues plus dangereuses. Il est continuellement
exposé à être victime de la force inconsciente qui travaille à côté de lui et il est à chaque instant frappé par
elle. C'est là un fait constant.

Il est encore actuellement difficile de donner des
chiffres, mais il est certain que les accidents pèsent
lourdement sur la classe ouvrière (1). Seul au milieu
de la société, l'ouvrier est de nos jours incapable de
supporter les conséquences d'une pareille situation.
Dès qu'il cesse de travailler, toute sa famille est plongée
dans la misère et risque même de mourir de faim.

(1) V. Projet de M. Girard à la Chambre des députés. *Journ.
off.*, 1882, février, annexe n° 399, p. 357. — On compte en
Angleterre une moyenne de 5,350 accidents dans les seules
fabriques. En France, malgré la loi du 11 juillet 1868, nous
n'avons de statique d'accidents que pour les mines. Alors,
sur une population de 802,000 hommes et 580,000 femmes,
on compte une moyenne de 5 à 6,000 accidents par an.

On a cherché à porter remède à cette situation. Depuis quelques années plusieurs projets ont été portés devant les Chambres, dont aucun n'a encore abouti (projets Girard, Faure, Nadaud, etc.). Ils ont en général pour but de faire supporter au patron le risque de l'accident arrivé à l'ouvrier, et qui ne dérive pas de la faute de ce dernier démontrée.

Nous les examinerons séparément à la fin de cette étude.

Des jurisconsultes reprenant l'examen des principes de la responsabilité se sont demandés s'il ne résultait pas du contrat de travail l'obligation pour le patron de garantir l'ouvrier contre les accidents. C'était là une théorie neuve, en contradiction avec la jurisprudence ancienne et nouvelle; mais on prétendait la justifier, les uns en montrant combien les conditions de l'industrie moderne sont différentes de ce qu'elles étaient jadis, les autres en montrant que le contrat de travail avait été mal analysé (1). Le but de ces auteurs n'est point de décharger l'ouvrier des conséquences de sa faute ou de la force majeure, mais de l'exonérer de la

(1) Dans cette étude, nous avons consulté les articles de M. Sauzet, agrégé à la Faculté de droit de Lyon, publiés dans la *Revue critique*. — Le livre de M. Sainctelette, *De la responsabilité et de la garantie*. — Le mémoire de M. Glasson, professeur à la Faculté de droit de Paris, membre de l'Institut, lu en 1886 à l'Académie des sciences morales et politiques : *Le Code civil et la question ouvrière*. —Les articles de M. Labbé dans le recueil de Sirey.

charge de l'accident dont la cause est inconnue. En pratique le débat se réalisera en une question de preuve.

Loin de toute préoccupation politique, il s'est élevé alors une controverse qui n'est point près de s'éteindre et qui nécessitera sans doute l'intervention législative. D'un côté une jurisprudence considérable, de l'autre des jurisconsultes dont l'opinion nouvelle, hardie, semble des plus logiques au moins lorsqu'elle s'arrête à temps (1). Nous lui consacrons cette deuxième partie.

(1) La question des accidents est commune à toutes les hypothèses du louage de services. Tout ce que nous disons des patrons et ouvriers peut n'être pris que comme un exemple.

CHAPITRE PREMIER

ÉTAT DE LA JURISPRUDENCE

§ 1. *Fondement de la responsabilité du patron.*

Jusqu'ici la jurisprudence et la doctrine unanimes n'avaient vu dans le contrat de travail que cette double obligation imposée au patron : payer le prix convenu et rendre possible à l'ouvrier la prestation de son travail (1).

L'inexécution de cette double obligation avait pour conséquence d'entraîner la responsabilité contractuelle du maître. Elle donnait ouverture à une action en réparation, pour laquelle le demandeur devait faire la preuve de l'existence de la convention. Le patron se justifiait, s'il était possible, en prouvant l'exécution ou la force majeure (art. 1147, 1315, C. civ.).

Il leur semblait qu'en vertu de son contrat le patron ne s'obligeât à rien autre, et que depuis le droit romain

(1) V. *supra* aux obligations du preneur.

jusqu'au Code civil en passant par notre ancien droit
coutumier, là se fût bornée l'analyse des obligations
du preneur. Toute autre responsabilité avait forcément
son point de départ dans un délit ou un quasi-délit ;
toutes les fois qu'un préjudice était causé à l'ouvrier
par le patron, la réparation en était due non point parce
que ce dernier avait violé un engagement, mais parce
que la loi déclare que réparation est due pour toute
faute, tout fait qui, sans droit, causent préjudice à
autrui. Il y avait lieu alors à ce qu'on appelle plus proprement *responsabilité*, une obligation de réparer fondée sur un délit ou un quasi-délit civil, c'est-à-dire sur
un préjudice causé sans droit, et pouvant se spécifier
ainsi : 1° La responsabilité du fait personnel prévue par
l'art. 1382 du Code civil ainsi conçu : « Tout fait quel-
« conque de l'homme, qui cause à autrui un dommage,
« oblige celui par lequel il arrive à le réparer. » — 2° La
responsabilité à raison du fait d'autrui prévue par l'article 1384 du Code civil, § 2, ainsi conçu : « On est res-
« ponsable non seulement du dommage que l'on cause
« par son propre fait, mais encore de celui qui est causé
« par le fait des personnes dont on doit répondre.....
« § 2. Les maîtres..., du dommage causé..., par leurs
« préposés dans les fonctions auxquelles ils les ont
« employés. »

Le patron était donc *responsable* de sa faute propre, de
sa négligence, même de son fait et aussi de la faute, de la
négligence et même du fait des ouvriers placés sous ses

ordres toutes les fois qu'il en était résulté un préjudice pour un autre ouvrier.

Il faut remarquer que cette responsabilité eût été la même à l'égard de toute autre personne, d'un étranger momentanément dans l'usine que le contrat de travail survenu entre la victime de l'accident et le patron n'était en aucune manière réputée cause de la responsabilité. Celle-ci étant fondée sur ce fait unique d'un préjudice occasionné sans droit.

Quant à l'ouvrier il se trouvait dans la situation de tout demandeur. Il était obligé de prouver le fondement du droit qu'il invoquait, une faute du patron, ou tout au moins un fait générateur de responsabilité. Toutes les fois qu'il ne l'avait point fait, il devait supporter les conséquences de la cause qui l'avait frappé, et qui était rangé dans la catégorie des cas fortuits ou des accidents arrivés par sa propre faute. Cela semblait juste puisqu'il n'y a pas de bonne raison, dans une législation qui a proclamé l'égalité des citoyens, de tenir compte des différences sociales, de faire à une des parties une situation juridique plus favorable. Il fallait donc laisser la charge de l'accident là où il avait frappé.

Tant que la faute ou la négligence du patron n'étaient pas prouvées, il n'y avait pas lieu de faire peser sur lui la part du risque même le plus minime. Mais dès qu'elle l'était d'après les termes extrêmement larges et élargis à l'excès des art. 1382 et suivants, il était responsable. Seulement, en cas de faute commune à la fois au patron et à l'ouvrier, il convenait d'atténuer sensiblement la condamnation du premier.

Telle est la théorie admise encore par la jurisprudence et la majorité des auteurs. En cas d'accident arrivé à l'ouvrier, la responsabilité du patron n'est encourue qu'en cas de faute de sa part, plus ou moins grande, selon les cas, et devant être prouvée. Cette faute est forcément délictuelle et celle des art. 1382 et suivants.

Ce système est à la fois favorable et défavorable au patron. Il lui est favorable en ce que l'ouvrier réduit à faire une preuve souvent fort délicate, se verra débouté de sa demande dans bien des cas où le sinistre est imputable au patron. N'ayant pas pu prouver la faute de ce dernier, la charge de l'accident, sous couleur de cas fortuit, pèsera entièrement sur lui.

D'un autre côté l'application de l'art. 1382 est fort dure pour le patron, elle le rend responsable de sa faute si minime qu'elle soit, imprudence ou négligence. En outre, cette responsabilité étant fondée sur un délit civil ou un quasi-délit, il n'est pas possible d'y échapper en totalité ou en partie par une convention. L'art. 1382 est déclaré d'ordre public.

Toutes ces conséquences de sa théorie, la jurisprudence n'a jamais hésité à les appliquer, quelque rigoureuses qu'elles soient.

Le principe est nettement posé dans un arrêt de la Cour de Caen du 25 juillet 1881 : « Attendu que la

compagnie des chemins de fer de l'Ouest n'est pas
responsable, de plein droit, des accidents survenus à
ses agents ou employés ; qu'elle n'est responsable que
dans les termes de l'art. 1382 du Code civil, c'est-à-
dire seulement du dommage occasionné par sa faute ;
attendu, qu'il n'est justifié, quant à présent, d'aucune
faute imputable à la compagnie dans l'accident du
19 septembre dont Lebossé a été victime... » (Chemins
de fer de l'Ouest, c. Lebossé. S., 1882, 2, 76).

Et aussi dans un arrêt de la Cour de cassation : « La
Cour : sur le moyen unique pris de la violation des
art. 1382, 1383, 1384 du Code civil. Attendu......
qu'en décidant que le fait d'avoir préposé Vaurais,
dans ces circonstances, à la surveillance de la voie, ne
constitue pas une faute légalement imputable à la compagnie des chemins de fer de l'Ouest, ledit arrêt n'a nullement violé les articles susvisés, » (R., 13 février 1882;
D. P., 1882, 1, 419. Veuve Vaurais, c. chemins de fer de
l'Ouest (1). *Adde*, Liège, 18 juin 1885 ; S., 1885, 4, 30.)

L'ouvrier a deux choses à prouver, la faute et son
influence sur le sinistre. Souvent la preuve de l'ouvrier
sera, *en fait*, singulièrement facilitée ; il n'aura pas

---

(1) *Adde*, Chambéry, 8 juin 1872 ; S., 72, 2, 275. — C.,
19 août 1874; S., 1875, 1, 24. — Rouen, 24 décembre 78; S.,
79, 2, 179. — C., 15 nov. 1881 ; S., 83, 1. 402. — C., 17 novembre 1834 : S., 85, 1, 360. — C., 2 déc. 1884 ; S., 1886, 1,
367. — Cass., 5 mars 1888. Chemin de fer d'Orléans, c. veuve
Deglane. *Gazette du Palais*, 26 avril 1888.

besoin de prouver la relation entre la faute et l'accident, c'est lorsque, par exemple, contrevenant à une loi ou à un arrêté, le maître n'aura pas fait enclore un endroit dangereux dans lequel l'ouvrier est tombé. Alors l'infraction au règlement est une faute et celle-ci prouvée, la responsabilité du patron sera présumée. Mais il n'y a aucun rapport fatal entre la faute et le sinistre, il n'y a qu'une présomption facultative pour le juge. Le patron n'aura qu'à prouver que l'accident n'est pas dû forcément à son infraction pour que l'ouvrier soit dans la nécessité de prouver la relation entre l'infraction et l'accident (1). C'est ce que décide la Cour de cassation :

« La Cour : sur le moyen unique du pourvoi tiré de la violation par fausse application des art. 1382, 1383, 1315, 1352, Code civil. Attendu qu'il résulte de l'arrêt attaqué (Rennes, 22 février 1883) que Brétéché demandeur en cassation, ayant été grièvement blessé par l'explosion d'une mine, au moment où il la bourrait, a fait assigner en dommages-intérêts Perrouin, son patron, qui lui aurait fourni un bourroir défectueux ; attendu que l'arrêt dénoncé constate qu'il résulte des documents de la cause, et notamment de l'expertise et des enquêtes auxquelles il a été procédé, que si Perrouin contrevenant aux dispositions d'un arrêté préfec-

---

(1) Souvent même dans ce cas cette preuve lui sera impossible. Est-il juste alors de faire peser sur lui le risque quand il semble plus probable qu'il proviendra de la faute du patron ?

toral avait eu le tort de fournir à Brétéché un bourroir en fer dont le revêtement en cuivre n'avait pas la longueur réglementaire, Brétéché lui-même avait été assez imprudent pour charger une mine sans se servir de bourre d'isolement, et pour mettre ainsi la poudre en contact direct avec une couche de brique pilée, dont il n'avait pas pris soin d'extraire les graviers ; que les experts n'ont pu déterminer la cause précise de l'accident qu'ils ont attribué, soit au frottement de la barre de fer contre le roc, soit au choc des fragments de quartz contre la bourre, et que l'arrêt déclare, qu'en présence des hésitations des experts et des incertitudes des enquêtes, il est impossible d'affirmer que l'accident du 2 avril 1881, soit plutôt la conséquence de la faute commise par Perrouin, que le résultat des négligences de Brétéché ; — Qu'en vain, ce dernier objecte que, par jugement correctionnel en date du 13 juillet 1881, Perrouin, à raison du bourroir défectueux qu'il avait fourni, a été condamné pour contravention à l'arrêté préfectoral du 20 janvier 1879. Que s'il en résulte que Perrouin a commis une faute, le demandeur en cassation devait établir que cette faute avait été la cause de l'accident et que le jugement correctionnel lui-même, en acquittant Perrouin du chef de blessures involontaires, pour lequel il avait été également poursuivi, a déclaré qu'il n'était pas suffisamment établi que l'inobservation des règlements eût occasionné la blessure de Brétéché ; — Qu'en de pareilles circonstances, en déclarant que Brétéché n'avait pas fait la preuve qui lui incombait en sa qualité de demandeur et en rejetant par suite son action, l'arrêt n'a violé..... » (Req., 2 déc. 1884; D., 1885, 1, 423. Brétéché, c. Perrouin).

La responsabilité du patron est encourue aussi si le dommage causé à l'ouvrier provient du fait d'un de ses préposés, contremaître ou ouvrier. C'est un des cas de responsabilité civile. MM. Demolombe et Colmet de Santerre la fondent sur le mauvais choix de l'ouvrier fait par le patron. Cette idée n'est pas généralement admise. Cette responsabilité se justifie par cette idée que le maître ou patron pouvait commander à l'ouvrier et qu'il n'a pas donné à son travail la direction convenable (1).

Quant à la nature de la responsabilité, la jurisprudence la déclare légale, fondée sur l'art. 1384 (2). Elle ne saurait logiquement y voir la conséquence d'un rapport contractuel, puisqu'elle refuse ce caractère à l'action en responsabilité pour le fait personnel.

(1) V. Req. civ., 1er juin 1874; D. P., 74, 1, 385. — C. ch. crim., 30 déc. 1875, D., P., 76, 1, 415. — Toulouse, 10 janv. 1876; D. P., 77, 2, 41.

(2) C. req., 4 février 1880; D., 1880, 1, 392. C., 20 août 1847; D. P., 47, 4, 421. Sourdat, *De la responsabilité*, n⁰ˢ 884 et suiv.

§ 2. *Etendue de cette responsabilité.*

La faute que suppose l'art. 1382, tout le monde en convient, engage notre responsabilité à quelque degré qu'elle existe, si légère qu'elle puisse être (et *levissi-ma* (1), pourvu qu'elle soit établie et qu'il s'agisse d'une faute *in committendo*; alors elle est imputable dès qu'il y a imprudence ou négligence. La légèreté, l'inattention, causées même par l'ignorance ou l'erreur nous rendent responsables. La bonne foi n'est pas une cause de décharge, car il y a faute sans intention de nuire. L'art. 1382 ne dit-il pas que *tout fait* (2) oblige à réparation.

Seul ne nous engage pas le préjudice que nous cau-

(1) L. 44, D., *Ad leg. Aq.*, IX, 2. — 5, § 1, *id.*

(2) Au contraire, quand il s'agit d'une faute résultant de l'inexécution des obligations d'un contrat, les règles de la responsabilité s'apprécient, comme nous le verrons, d'une autre manière. Elles sont d'un côté atténuées, car la bonne foi veut qu'on n'exige pas d'une des parties plus de soin, de prévoyance qu'il n'a été prévu au contrat ou qu'il n'est en usage (1137 et suiv.), et d'un autre aggravées, car nous avons plus d'obligations vis-à-vis d'une personne qui se confie à nous que vis-à-vis d'une autre qui est vis-à-vis de nous une étrangère.

sons par l'exercice d'un droit (1). Ce qu'il faut entendre toutefois en ce sens que, pour qu'une entière et parfaite irresponsabilité garantisse l'exercice d'un droit,
il faut que celui qui l'exerce en use prudemment (2),
avec les précautions ordinaires, sans en abuser et sans
en excéder les justes limites.

A plus forte raison, serait-on obligé par l'abus
du droit exercé dans le dessein de nuire : *malitiis non
est indulgendum* (3). Dans ces mêmes limites, le patron
est déclaré responsable de l'accident causé à un ouvrier
par un autre ouvrier en faute, qui a été imprudent, négligent, inattentif (4) (art. 1834).

La jurisprudence a toujours fait au patron l'application de ces principes. Elle est même allée plus loin,
elle a vu dans l'art. 1382, ce qui est exagéré, l'obligation de réparer les conséquences, non plus seulement des faits accomplis par nous, mais de notre inaction, de la faute *in omittendo*.

Nous allons passer en revue quelques espèces.

En ce qui concerne la faute personnelle du patron,
un arrêt de la Cour de Liège a parfaitement reproduit

(1) *Nemo damnum facit, nisi qui id facit quod facere jus non
habet* (55, *De reg. juris*).

(2) L. 30, § 3, D., *Ad leg. Aq.*, IX, 2. — Domat, II, tit. VIII,
sect. IV.—Sourdat, *Responsabilité*, n° 680.—Aubry et Rau, IV,
§ 446.

(3) Toullier, XI, n° 119.

(4) Paris, 24 août 1877; D., 78, 2, 97.—Req., 24 déc. 1879;
D., 80, 1, 204.

le principe exposé : « Attendu que (la responsabilité de
la société d'Arsimont) résulte des art. 1382 et suivants
du Code civil ; — Attendu qu'il suit de ce qui précède que
les maîtres ne sont responsables des accidents survenus à leurs ouvriers que pour (*sic*) autant qu'il soit établi qu'il y a eu faute, imprudence, négligence, impéritie de leur part... » (18 juin 1885 ; S., 85, 2, 30. Blan-
chard, c. société d'Arsimont).

Ainsi donc le patron est responsable de tout fait
positif qui constitue une faute. Cela serait peu de chose
si on s'arrêtait là, mais la jurisprudence, avons-nous
dit, lui impose l'obligation de s'abstenir de tout fait
négatif pouvant causer un dommage. C'est aller loin,
sans cependant pour elle sortir des termes de l'article 1382. Le patron devient alors tenu de prendre
toutes précautions qui peuvent éviter l'accident.

« La Cour : Attendu que si l'existence d'une faute
légalement imputable, constitue l'une des conditions
essentielles de l'action en responsabilité fondée sur les
art. 1382 et suivants du Code civil, il résulte dans l'espèce, des déclarations de l'arrêt attaqué, que l'accident qui a fait perdre l'œil au jeune ouvrier Boissot
aurait pu être évité, si la société du Creusot, obligée
de préserver ses ouvriers des conséquences mêmes des
dangers inhérents à leur travail, avait pris les mesures
nécessaires pour conjurer ces dangers ; — Qu'en considérant comme constitutive d'une faute de **sa** part,
l'absence de toutes précautions à cet égard, en la dé-

clarant responsable du préjudice qui en est résulté, la Cour d'appel de Dijon n'a violé... » (7 janvier 1878. Ch. req. D., 78, 1. 297).

Quant aux précautions que le patron doit prendre, ce sont d'abord toutes celles qui sont imposées par les lois et règlements et celles qui sont en usage. Mais, nous dit la Cour de Dijon, ce sont aussi toutes celles qui nous permettent d'éviter les causes non seulement habituelles, mais possibles d'accidents (V. sous arrêt de cassation (1).—*Adde*, Paris, 21 déc. 74 ; D., 66, 2, 72).

Les tribunaux ont poussé aussi loin que possible cette obligation du patron de prendre toutes les mesures propres à éviter les accidents. Ils exigent des mesures protégeant les ouvriers même contre leur propre imprudence (2). Mais, sur ce point, les décisions que nous rencontrons ne sont plus unanimes. Si le principe est exact on conçoit que, dans l'application,

(1) Req., 29 juillet 74; D., 75, 1, 320. — Paris, 21 déc. 74; D., 76, 2, 72. — Amiens, 15 nov. 83 ; S., 84, 2, 6.

(2) V. Caen, 17 mars 1880; D., P., 1881, 2, 79, pose le principe. Jugé que le patron est responsable de l'accident arrivé à l'ouvrier en état d'ivresse. — Jugé que le patron est responsable de n'avoir point empêché des ouvriers d'exécuter un travail qui leur était défendu. C'est une exagération ! — V. en sens contraire, C., 15 nov, 1881; S., 83, 1, 402. Pas dû d'indemnité à l'ouvrier qui reste sur un échafaudage quand il a été averti que son concours était inutile, même si l'échafaudage était mal établi. *Adde*, Alger, 7 nov. 70; D., 70, 3, 211.

il faille une extrême réserve pour ne pas rendre les conditions de l'industrie onéreuses à l'excès (1). L'ouvrier connaît le danger et s'il faut le protéger, c'est contre les suites de l'inattention et de l'insouciance que donne l'habitude du danger, bien plus que contre celles de la témérité.

Au demeurant, le patron règlera les mesures qu'il doit prendre d'après le risque de sa propre industrie et la capacité des personnes qu'il emploie. Ainsi, il a été jugé maintes fois qu'aucune responsabilité n'est encourue par le patron à raison d'un accident survenu à un ouvrier qui a l'habitude du travail auquel il est préposé, qui l'a déjà pratiqué dans des conditions normales, et alors que nul fait extérieur ou extraordinaire n'a rien ajouté au danger de l'opération (Trib. civil de Lyon, 27 nov. 1869 ; D., 70, 3, 63. — Trib. Seine, 17 janv. 1872 ; D., 73, 3, 48). — Jugé que le patron en donnant à son ouvrier un outil nouveau dont le maniement est dangereux et en ne lui fournissant pas les instructions nécessaires à son maniement est responsable en cas d'accident (Trib. Lyon, 10 août 1873 ;

(1) A vrai dire, nous ne l'admettrions qu'autant qu'il serait constaté que l'imprudence de la victime n'a pas été la seule cause de l'accident, car il est de règle qu'il n'est pas dû de réparation à celui qui a éprouvé un dommage par sa propre faute. V. en ce sens, Dalloz, *Jurisp. générale*, v° *Ouvriers*, n°s 93 et suiv., 103 et suiv. — Aubry et Rau, IV, § 446. — Req., 15 novembre 1881 ; D., 83, 1, 159. — C., 13 fév. 1882 ; D., 82, 1, 419.

Lyon, 20 juin 1873, ensemble; D., 75, 2, 189). — Jugé que le patron est en faute lorsqu'il laisse travailler un enfant sans surveillance dans le voisinage d'une courroie de transmission, et qu'il est alors responsable de l'accident arrivé à cet enfant, dont le bras a été pris et broyé par cette courroie. Peu importe que le travail auquel l'enfant est assujetti n'offre par lui-même aucun danger et que la courroie ne puisse être munie d'un appareil protecteur quelconque (Paris, 12 déc. 1881 ; S., 82, 2, 136) (1).

La responsabilité du patron ne cesse pas avec la faute de l'ouvrier, si le patron a été négligent, mais on conçoit alors qu'il faille en tenir compte. L'ouvrier obtiendra des dommages-intérêts à raison de la faute du patron, mais la condamnation proportionnée à la faute de celui-ci au regard de celle de l'ouvrier, sera diminuée de tout ce que cette dernière a pesé dans la détermination et l'aggravation de l'accident.

C'est ce que la Cour de Paris a décidé dans une espèce où le cocher d'une maison de louage de voitures avait été blessé par des colis placés par lui sur le siège et jetés bas à raison du déboîtement d'une roue de la voiture : « Considérant qu'il incombait à Neurenhausen de ne livrer à Favelier, qu'il employait comme cocher, qu'une voiture en bon état et ayant subi une visite assez

_____

(1) Le patron doit prendre toutes les précautions compatibles avec l'exercice de son industrie. Il ne saurait objecter le défaut d'usage dans l'industrie qu'il exerce, ni la dépense.

attentive......Maisconsidérant, d'autrepart, quelescolis
que Favelier avait placés près de lui sur son siège n'é-
taient pas assujettis, que, dans la secousse qu'a impri-
mée à la voiture le déboîtement soudain de l'une des
roues de derrière, ils ont par le mouvement brusque
qu'ils ont eux-mêmes subis contribué à la chute de Favelier, et que c'est au défaut de précaution de celui-ci
qu'il faut l'attribuer ; considérant qu'il en résulte qu'une
faute étant imputable à chacune des parties, la responsabilité de l'accident doit être partagée..... » (Paris,
23 déc. 1882, *Gaz. Trib.*, 13 janvier 1883. *Adde*, Paris, 23 mars 1883 ; D., 1884, 2, 90).

A l'égard de la faute de ses préposés la responsabilité du patron, fondée selon la jurisprudence sur l'article 1384, doit être appréciée dans la même mesure.
On y appliquera la théorie des fautes communes (Comp.,
Paris, 24 août 1877 ; D., 78, 2, 97. — Cass., 22 août
1882 ; D., 83, 1, 239. — Douai, 27 juin 1881 ; S., 84,
2, 7).

On peut donc résumer ainsi la doctrine généralc-
ment admise jusqu'ici par les auteurs et la jurisprudence. Le contrat de louage n'oblige le patron qu'à
payer le salaire convenu et à faciliter, selon l'usage, à
l'ouvrier, la prestation de ses services.

En dehors de cela il est responsable, envers son ouvrier blessé, de tout dommage (1) causé par lui ou ses

(1) Les juges du fond constatent souverainement l'existence des faits imputés au défendeur à l'action en responsa-

autres ouvriers, ou que lui et ses autres ouvriers ont
laissé se produire et prouvé par le demandeur. Cette
obligation est celle dont il serait tenu vis-à-vis de toute
autre personne.

Dans l'application il est tenu (lui et ses préposés) de
prendre toutes les précautions, compatibles avec l'exercice de son industrie, qui pourraient prévenir l'accident.

bilité. Ils décident souverainement si ces faits ont été la
cause du préjudice souffert par le demandeur. Mais le point
de savoir si les faits retenus à la charge du défendeur présentent le caractère juridique de la faute prévue par les art. 1382
et suiv., soulève une question de droit qui tombe sous le
contrôle de la Cour de cassation. C. civ., 5 janvier 1872; D.,
72, 1, 165. — 15 avril 73 ; D., 73, 1, 262. — 12 janv. 75 ; D.,
75, 1, 145. — Req., 24 janv. 77; D., 77, 1, 164.

CHAPITRE II

CRITIQUE DE LA JURISPRUDENCE

Une doctrine nouvelle, écartant l'art. 1382, fait reposer la responsabilité du patron sur le contrat de louage de services. Par ce contrat, dit-on, le patron ne s'engage pas seulement à payer à l'ouvrier le salaire convenu, il s'engage à lui fournir le moyen d'exécuter sa prestation. Or, ne prend-il pas l'engagement d'exécuter de bonne foi cette seconde obligation, de s'abstenir à cette occasion de toute faute qui puisse préjudicier à l'ouvrier? Prenons un exemple. Je place un ouvrier près d'une chaudière, objet de son service. Est-ce que par là même je ne m'engage pas à la lui fournir en bon état? Remplirai-je équitablement mon obligation de lui fournir l'outil si la chaudière est hors de service? Qu'elle éclate par son mauvais état ou faute d'avertisseur, et que l'ouvrier soit blessé, ne pourra-t-il point me dire que le contrat exigeait que j'apportasse dans l'exécution de mon obligation le soin et la prudence qu'exigent la bonne foi et la confiance réciproques des parties! Or, je connaissais l'état de ma chaudière ou j'aurais dû le connaître, avec l'attention d'un homme diligent dans les conditions ordinaires. Je suis en faute d'imprudence ou de négligence dans l'exécution de mon obligation. Je dois donc réparation et cela en vertu du contrat de travail. Fonder cette obligation sur l'art. 1382, c'est faire erreur, car je n'en avais point de telle à l'égard d'une personne non liée vis-à-vis de moi par un contrat et qui, sans droit, se serait approchée de la chaudière.

En outre, ce serait souvent ne pas tenir compte de la situation créée par la volonté des parties, car c'est appliquer des règles qu'elles ont voulu écarter. L'ouvrier que j'emploie sait qu'il y a toujours du danger auprès d'une chaudière, d'un volant, et que si attentif que je sois il est une certaine négligence inévitable de la part d'un patron. Il sait ce double risque et cependant il contracte, ne comptant que sur une chose, sur ce qu'il est équitable d'exiger, sur les précautions que la bonne foi impose de prendre à qui veut s'abstenir de toute faute dans l'exécution de ses obligations. Il n'en est pas de même à l'égard d'un étranger qu'un éclat de ma chaudière va blesser sur la voie publique. Celui-ci n'a rien accepté et a droit à la réparation de tout fait. A son égard l'explosion de ma chaudière est un fait et cela suffit.

Vis-à-vis de l'ouvrier seul je suis tenu de ma faute

in omittendo (1), vis-à-vis des deux je réponds de ma faute *in committendo*, mais pas dans la même mesure.

C'est du reste réciproque et il n'est pas de patron qui ose soutenir qu'il n'ait accepté le risque d'une certaine inhabileté de l'ouvrier qui a brisé un outil. En serait-il de même si l'accident avait été causé par un étranger?

Chaque partie n'a entendu exiger de l'autre que ce qui est pratique, raisonnable, acceptant pour le surplus la charge du risque.

Or, comment tenir compte de cela avec une responsabilité basée sur l'art. 1382? D'après cet article toute négligence engage la responsabilité du patron qui aurait pu matériellement éviter l'accident, et aussi toute impéritie engage la responsabilité de l'ouvrier qui a brisé l'outil à lui confié. Il est absolu! On ne peut tenir compte de la capacité de l'ouvrier lors du contrat ou de son incapacité également connues, toutes choses qui diminuent cependant la diligence sur laquelle chacune des parties pouvait compter.

N'est-ce pas une preuve que cet article est fait pour régler la responsabilité à l'égard de personnes qui n'étaient liées par aucune convention?

Or, en considérant la situation que crée aux parties le contrat de travail, on reconnaîtra qu'il est impossible

(1) Nous verrons que l'art. 1382 ne prévoit point cette faute.

de leur appliquer ces règles rigoureuses de l'art. 1382,
de leur faire la même situation que lorsque le dommage est causé entre personnes étrangères qui peuvent se plaindre de tout puisqu'elles n'ont rien accepté.

Des rapports contractuels il résulte des avantages et des inconvénients dont il faut tenir compte.

Malgré elle, dans ses arrêts, la jurisprudence le fait, et cela suffirait pour montrer que le contrat est venu modifier les caractères de la responsabilité.

Mais avec la doctrine ancienne elle maintient fermement le principe. C'est toujours l'art. 1382 qui est la cause de cette responsabilité. Si je dois une indemnité à l'ouvrier, c'est uniquement parce que tout préjudice causé sans droit nous rend responsable. Il montre notre faute. Or, dit-on, il n'y a qu'une seule faute, la faute qui nuit, prévue par l'article en question. On ne conçoit pas deux fautes et toute faute oblige par elle-même. Pourquoi invoquer le louage? Par lui on s'engage uniquement à payer le prix et à rendre le travail possible : à cela si je commets une faute, l'art. 1382 ajoute l'obligation de réparer. Quant à la réparation c'est celle du préjudice, la faute prouvée. C'est la réparation que je dois à tout le monde, lorsque j'ai nui sans droit. Est-ce que la même justice n'est pas due à tous? Par conséquent les mêmes fautes nous obligent également.

Il n'y a donc qu'une seule faute.

C'est ce qui vient d'être soutenu tout dernièrement encore par M. Lefebvre (1), un ancien magistrat. Il n'y a pas, dit-il, deux fautes, l'une délictuelle, l'autre contractuelle : « L'évidence pour nous est que la faute seule peut engendrer la responsabilité; que ces deux idées : responsabilité, faute, sont inséparables et que l'une ne se conçoit pas sans l'autre; que responsabilité contractuelle est une formule vicieuse, une forme erronée de langage, et que la responsabilité est nécessairement délictuelle. » M. Lefebvre avoue bien que le contrat augmentera ou diminuera le nombre des cas constituant une faute pour les parties, mais cela ne modifie pas selon lui la nature de la responsabilité, parce que « les effets d'un contrat ne changent pas la nature, l'essence de la responsabilité qui est toujours attachée à la faute » (2).

Cela ne nous semble pas exact. Assurément la faute est toujours la faute, mais cela veut-il dire qu'elle soit toujours la violation de la même obligation? Non ! — Il est bien un principe général de droit naturel qui nous oblige à réparer tout dommage causé sans droit, mais quand nous entrons dans l'application qu'en

(1) *Revue critique*, 1886, XV, p. 485 (pseudonyme).

(2) V. aussi en ce sens, *Revue des Deux-Mondes,* 15 mars 1888. M. Arthur Desjardins s'étonne qu'on combatte une jurisprudence vieille de quatre-vingts ans. Les mots *à autrui,* de l'art. 1382, paraissaient s'appliquer à tout le monde, aux personnes mêmes qui avaient la qualité de contractants!

fait la loi positive, nous devons examiner la nature qu'affecte l'obligation. Entre personnes qui s'ignorent juridiquement la responsabilité est réglée par l'art. 1382; elle a un caractère délictuel. Entre personnes qui ont contracté, qui ont accepté une situation pouvant engendrer la responsabilité, et qui doivent éviter la faute qui pourrait la déterminer, il y a un double élément qui caractérise bien la nature contractuelle de cette responsabilité : c'est le fait d'une situation périlleuse acceptée qui détermine la mesure des soins à prendre et la mesure dans laquelle le risque du péril est accepté.

Ce sont les deux parties qui ont fait naître la cause première de l'accident par cela qu'elles ont contracté, et dès lors, implicitement, l'art. 1382 se trouve écarté. L'acceptation du risque a eu lieu dans cette mesure que chaque partie ne commettrait point de faute dans l'exécution de ses obligations, si la faute a lieu la responsabilité naît *contractuelle*. Entre celle-ci et celle appelée *délictuelle*, il y a toute la différence des règles d'interprétation des contrats. Cela ne suffit-il point pour en modifier la nature? Que faudra-t-il donc entendre par caractères d'une obligation ? Or si l'obligation de s'abstenir de toute faute est contractuelle, la responsabilité qui résulte de son inexécution l'est aussi.

Si le vendeur ne livre pas la chose vendue et qu'il ait été négligent à cet égard, il a commis une faute et nous devons appliquer le principe que toute faute pré-

judiciable oblige à réparer. Est-ce en vertu de l'art. 1382
qu'il sera tenu? Personne ne songe à le dire, parce que
la possibilité de nuire résulte d'une situation acceptée,
contractuelle, et que l'obligation de s'abstenir de toute
négligence nuisible résulte aussi du contrat. Et cependant c'est bien *la faute* qui a nui. On appliquera
l'art. 1137 du Code civil.

De même pour le louage, chaque partie doit exécuter ses obligations positives et à leur occasion s'abstenir
de toute faute. Elle ne doit que cela, mais elle le doit
contractuellement en raison de la bonne foi qui doit
présider à l'exécution du contrat. Pour l'ouvrier ce
sera s'abstenir de toute faute dans l'exécution de son
travail, pour le patron la même obligation négative,
inhérente à celle de payer le prix et de placer l'ouvrier dans les conditions qui rendent le travail possible.

Cette idée a été parfaitement exprimée par M. Labbé.

« Un contractant, dit le savant professeur, promet de
réaliser au profit de l'autre la prestation d'un service
convenu ; le droit commun ne l'obligeait à rien de semblable ; il est sorti au profit de l'autre contractant du
cercle de la liberté naturelle ; il doit uniquement ce
qu'il a promis, et assurément la mesure de diligence
fixée par l'art. 1382 ne saurait s'appliquer à un acte
que le droit commun ne prescrivait pas. Les soins qui
doivent accompagner un acte sont régis par le même
principe que l'obligation d'accomplir cet acte. Nous
devons, en vertu du droit commun, respecter la vie, la

propriété, la réputation d'autrui ; l'art. 1382 reflète ce
devoir et le sanctionne. Mais, si nous devons en vertu
d'une promesse spéciale par laquelle nous avons mis
nos forces au service d'un créancier déterminé, la
manière plus ou moins zélée et prudente avec laquelle
nous devons agir doit être proportionnée à la teneur
du contrat qui nous oblige. Nous sommes ramenés à
cette idée si simple. Nous devons en fait de diligence
comme en fait d'activité, ce que nous avons promis,
renonçant volontairement à notre liberté naturelle :
rien de plus. L'art. 1382 est étranger à cette hypothèse » (1).

La jurisprudence française est obligée malgré elle,
de ne pas s'en tenir, sinon en apparence du moins
quant au fond, aux articles 1382 et suivants. L'obligation qui résulte de ces articles, en effet, est purement
négative — de ne pas faire. Et cependant nous avons
vu les décisions qui déclarent que le patron est tenu
d'agir, de prendre des mesures de précaution pour
protéger la vie, la santé de ses ouvriers. Est-ce admissible entre étrangers ? Entre personnes qui ne sont pas
liées par un contrat, peut-il y avoir faute à rester dans
l'inaction ? Seul, le devoir de charité, que ne comprend
certes pas notre article, pourrait imposer une semblable obligation. Le texte est formel : ce qui nous

____

(1) V. sur cette question les notes de M. Labbé. Sirey,
tomes de 1885, 1886, IV, pages 25 et suiv.

rend responsable, c'est « tout fait », mais seulement le fait, et non la faute *in omittendo*.

C'est évident! mon obligation de ne pas faire un acte pouvant nuire ne saurait m'imposer l'obligation « de prendre toutes les mesures de précaution de na-« ture à soustraire les ouvriers même à leur propre « imprudence » (Amiens, 15 nov. 1883 ; S., 1884, 2, 26). — Par la force des choses, la jurisprudence est amenée à tenir compte des rapports qu'a créés le contrat de travail entre le patron et l'ouvrier. C'est à ce contrat qu'elle se réfère pour apprécier la gravité de la faute commise par le preneur pour déterminer l'étendue de ses obligations selon que l'ouvrier est un adulte ou un enfant, un ouvrier novice ou vieilli dans le métier, en un mot pour proportionner sa responsabilité aux dangers de l'entreprise et à l'intention présumée des parties.

Tout ce que nous avons dit de la responsabilité directe du patron est également vrai de sa responsabilité civile, à raison du fait d'autrui, d'un de ses préposés (V. Labbé ; S., 1885, 4, 25, note).

Un ouvrier n'exécute pas mes ordres ou est maladroit; un contremaître commande une fausse manœuvre, un accident se produit. Je suis civilement responsable, mais est-ce en vertu de l'art. 1384? Non, assurément! Ne sais-je pas que le contact nécessaire, le travail en commun rendent ces accidents fréquents! Ne dois-je pas régler les effets de ce contact, de ce travail en commun, imposer à chacun les mesures de prudence nécessaires, tenir la main à leur exécution ! Je dois tout cela à l'ouvrier que j'embauche, parce que toutes les conditions du travail ont été l'objet tacite de nos prévisions, et que je n'exécute pas plus de bonne foi mon obligation de lui rendre le travail possible lorsque je le fais travailler avec un ouvrier imprudent, que lorsque je le place auprès d'une chaudière en mauvais état. Il savait cette situation périlleuse qui devait résulter pour lui du fait d'un tiers devenu son voisin et peut-être auquel il devrait obéir, et que cette situation résulterait du contrat. Il comptait en même temps que je ferais le possible pour en prévenir les mauvais effets. Si, vis-à-vis de toute personne, je réponds de mes employés à raison du choix que j'en ai fait et de la surveillance que je dois exercer sur eux, à l'égard de mes ouvriers, je suis autrement responsable de ce choix, de cette surveillance (1). C'est donc le contrat qui déterminera encore une fois la nature de la responsabilité et sa mesure.

Nous pouvons donc nous résumer et dire ce que nous entendons par responsabilité contractuelle du

______

(1) M. Labbé semble bien être de notre avis. Sirey, 1885, 4, note, p. 28. « Néanmoins, il est difficile de ne pas admettre que le maître soit tenu d'apporter de la diligence dans le choix des ouvriers qu'il réunit dans une communauté d'efforts périlleux, et dont il impose aux autres la collaboration. »

patron en cas d'accident. C'est la conséquence d'une faute connexe à l'exécution de l'obligation de rendre à l'ouvrier le travail possible, de le placer dans les conditions du travail, — que cette faute soit imputable à lui personnellement ou à ceux dont il a la charge (1).

Nous sommes donc en contradiction avec la jurisprudence française et la doctrine ancienne. Elle veut voir dans le fait générateur de responsabilité une faute délictuelle, alors que nous y voyons une faute contractuelle.

. Mais nous sommes aussi en contradiction avec une opinion considérable qui donne une portée beaucoup plus considérable à l'idée de faute contractuelle (2).

L'intérêt du débat est grand. Nous allons l'examiner à un triple point de vue :

(1) On remarquera que nous évitons avec soin de dire que le patron s'engage à *garantir* l'ouvrier contre les accidents, ou même qu'il *s'engage à prendre les précautions possibles contre les accidents*. Cette distinction est capitale au point de vue de la charge de la preuve.

(2) Les partisans de la faute contractuelle ne sont pas d'accord. M. Glasson se sépare de MM. Sainctelette, Sauzet et Labbé. Il ne va pas plus loin dans l'innovation. Les autres continuent et se divisent encore. — La jurisprudence belge tend à se séparer définitivement de la jurisprudence française. Trib. com. Bruxelles, 28 avril 1885. — Trib. civil, 25 avril 1885. — Cass., 8 janvier 1886 ; S., 1886, 4, 25. — V. *contra*, Liège, 18 juin 1885; S., 1885, 4, 25; S., 85, 4, 30. — Bruxelles, 2 nov. 1885.

1° Au point de vue de l'étendue de la responsabilité du patron ;

2° Au point de vue de la charge de la preuve imposée à l'ouvrier;

3° Au point de vue de la faculté pour le patron de s'exonérer conventionnellement par avance des conséquences de sa faute.

§ 1. *Etendue de la responsabilité du patron.*

L'application des art. 1382 et suivants rend le patron responsable de la faute la plus minime relevée à sa charge : *in lege aquilia, levissima culpa venit*. La moindre négligence apportée dans la prévention d'un accident oblige le patron à indemniser l'ouvrier.

En transportant, au contraire, le fondement de la responsabilité dans le louage de services, nous sommes amené à la limiter à la faute que ne commettrait pas un *bonus paterfamilias*. Les parties qui contractent, en effet, n'exigent pas l'une de l'autre toute diligence, mais seulement celle qui est pratique, en usage. Elles tiennent compte des défaillances de l'homme. C'est l'esprit du Code (Arg. anal., 1157).

§ 2. *Charge de la preuve.*

Lorsque l'ouvrier invoque les art. 1382 et suivants pour obtenir une indemnité du patron, il doit établir une faute à la charge de celui-ci ou à la charge d'un de ses préposés. Il aurait beau démontrer qu'il a apporté tous ses soins pour éviter l'accident, qu'il n'a commis aucune imprudence, aucune négligence, cette preuve ne suffirait pas. C'est une faute du patron qui est la cause génératrice de son droit, et c'est à lui qu'in⁻combe la charge d'en fournir la preuve. S'il n'établit pas qu'une faute existe, dans le doute le tribunal doit rejeter la demande en indemnité. L'incertitude sur la cause de l'accident emporte la libération du patron. Cela est absolu puisque la faute ne se présume pas.

Quelles que soient les facilités que dans la pratique les tribunaux accordent à l'ouvrier (1), ce n'est pas moins pour celui-ci une charge fort lourde et qui nous

(1) « Attendu qu'il est établi par l'arrêt attaqué qu'on ne peut *induire* ni des faits articulés, ni des documents produits par la demanderesse, que l'accident dont son mari avait été victime fût dans une mesure quelconque le résultat d'un acte ou d'une omission reprochable à la Compagnie des mines de la Loire » (C. Req., 26 nov. 1877 ; D., 78, 1, 118).

donne les résultats suivants : l'ouvrier supporte l'accident qui provient :

1° De sa propre faute ;

2° Du cas fortuit et de la force majeure ;

3° De la faute du patron ou d'un de ses préposés non prouvée. Alors la cause étant inconnue est réputée provenir du fait de la victime ou du cas fortuit.

Ces résultats seront-ils changés si la responsabilité, au lieu d'être délictuelle, est déclarée contractuelle dans les termes que nous avons posés? Non!

A notre sens le patron s'oblige directement par le contrat de louage à l'exécution de deux seules obligations positives, payer le prix et rendre possible la prestation du travail. Il doit bien en outre s'abstenir de toute faute et pour cela prendre les précautions exigées par la bonne foi. Ce n'est pas là une obligation qui dérive directement du contrat. C'est l'obligation générale de ne point causer sans droit préjudice à autrui, dont l'application est faite dans l'art. 1382 aux personnes étrangères l'une à l'autre et qui, pour subir l'influence d'un contrat qui en détermine la portée, n'en devient point pour cela un de ses éléments. Pour mieux exprimer notre pensée nous dirons que l'obligation des parties est moins de s'abstenir de toute faute que de réparer les conséquences de celle commise. Il y a là un lien éventuel, accessoire, dont l'existence est subordonnée à la preuve d'une condition réalisée : la faute. Aussi ne modifions-nous pas les règles de la preuve.

Cela est en parfaite harmonie avec l'art. 1315,
§ 1. Il impose à toute personne qui se prétend créancière d'une autre la preuve du lien obligatoire : jusque-
là l'état de droit c'est l'absence d'obligation. L'autre
partie doit ensuite prouver sa libération, c'est-à-dire
l'exécution de ses obligations ou le cas fortuit. Quand
elle l'a fait, cette exécution est présumée accomplie
sans faute, de même que la convention invoquée par le
demandeur était présumée exempte de tout vice. La
faute ne se présume jamais, elle doit être prouvée par
le demandeur.

Appliquons cela au louage. Le patron sera libéré
quand il aura prouvé l'accomplissement de ses deux
obligations ; il a suffisamment justifié de sa libération
quand il démontre qu'il a mis l'ouvrier à même de travailler. Si ce dernier invoque une faute dans l'exécution de cette obligation, on lui répond qu'elle ne saurait se présumer et qu'il ait à la prouver. « La faute,
dit M. Glasson, ne se présume pas, même dans l'exécution des obligations (1). »

Voilà donc un intérêt qui nous échappe et, comprise

(1) *Loc. cit.*, p. 36. — A propos du renversement de la
preuve, nous nous efforcerons de montrer que cette manière
d'envisager le caractère contractuel de la responsabilité du
patron, admise par M. Glasson et la Cour de cassation de
Belgique (8 janvier 1886 ; S., 1886, 4, 25) est plus conforme au
droit que les systèmes exposés par MM. Sainctelette, Sauzet
et Labbé.

comme nous l'avons exposée, la faute contractuelle laisse à l'ouvrier la charge non seulement de sa faute et du cas fortuit, mais de l'accident dont la cause est inconnue.

Ce résultat a choqué des hommes politiques.

Que l'ouvrier supporte les conséquences de sa faute, a-t-on dit, soit !

S'il doit supporter les conséquences du cas fortuit et de la force majeure, on discute.

Mais ce qui ne doit, paraît-il, certainement pas lui incomber, c'est ce risque à cause inconnue qui ne lui est imposé qu'en sa qualité de demandeur chargé de la preuve, et qui cacherait le plus souvent une faute du patron.

Il faut, a-t-on dit, renverser les rôles : quand un accident se produira ce ne sera pas à l'ouvrier à prouver la faute du maître, mais à celui-ci à établir sa libération.

Voici quelle sera la situation : l'ouvrier aura droit à une indemnité toutes les fois que sa faute ou le cas fortuit n'auront pas été prouvés.

Comme on le voit, le principe est le même ; le patron ne répond que de sa faute, en droit, mais en fait il répondra de tout accident à cause inconnue qui cachera une faute ou une négligence de l'ouvrier.

Nous examinerons dans un chapitre spécial les divers projets de loi dont est saisi le législateur. Disons seulement que leurs auteurs se sont très peu occupés des principes de droit et certains des principes d'équité. Ils ont cherché à résoudre un des problèmes de la question sociale au profit du travailleur et aux dépens des patrons, et, il faut le dire, ils y ont été peut-être amenés par une jurisprudence qui bien facilement condamnait l'employeur lorsqu'il était riche, puissant et assuré.

Quoi qu'il en soit, voici les principaux motifs invoqués dans les projets de loi, outre l'intérêt des *travailleurs*. Les accidents, dit-on, sont dus bien plus fréquemment à la faute du patron qu'à celle de l'ouvrier. Il convient donc, qu'en cas de doute, le premier en ait la charge. En outre, l'ouvrier placé dans la dépendance du maître est dans l'impossibilité d'administrer sérieusement une preuve contre lui, en raison de la subordination dans laquelle sont placés ses camarades témoins de l'accident. Situation qui devient plus difficile encore en cas de faute d'un autre ouvrier ou d'un contre-maître.

Ces raisons sont loin d'être déterminantes, attendu qu'elles sont en contradiction avec les faits. Si la preuve est difficile pour quelqu'un c'est pour le patron qui trouve d'habitude, au moins dans la grande industrie, tout son personnel associé et ligué contre lui. La majeure partie des accidents est due moins à la faute du patron qu'à la négligence, l'insouciance ou l'ivresse des ouvriers.

Mais, et sans cela nous ne traiterions point la question, d'éminents jurisconsultes se sont demandés si les principes du droit ne doivent point naturellement nous conduire au renversement de la preuve.

Le premier, un ancien ministre belge, M. Sainctelette a émis cette idée. Selon lui, il faut éviter de confondre la *responsabilité* avec la *garantie*. La première serait, dans l'intention de la loi, la conséquence de l'inexécution de nos obligations purement légales ; la seconde au contraire, serait la sanction des obligations conventionnelles. Ainsi, chacun est *responsable* du dommage causé par son fait (art. 1382) ; *responsable* du fait de certaines personnes (art. 1334 et art. 216, C. com.) ; *responsable* du dommage causé par l'animal (art. 1385) ; *civilement responsable* devant la juridiction repressive (art. 194 et suiv., art. 215 et suiv., C. instr. cr.). De même, le dépositaire des registres de l'état civil est *responsable* des altérations qui s'y trouvent. Au contraire, le vendeur est *garant* de la paisible possession par l'acheteur de la chose vendue (art. 1625) et des vices cachés (art. 1644). Le vendeur d'une hérédité *garantit* sa qualité d'héritier (art. 1696). Les cohéritiers sont *garants* entre eux (art. 884). Le bailleur est *garant* des vices ou défauts de la chose louée (art. 1721, 1725). De même, dans les art. 2270, 1693, 886 ; art. 140 du Code de commerce. Et il ajoute que le *garanti* fait valoir toutes ces obligations contre le garant au moyen de la procédure organisée sous le nom d'*appel en garantie* (art. 175, 186, C. pr.). Il n'y a donc de *responsabilité* que délictuelle. En matière d'obligations contractuelles il

n'y a que la *garantie*. Et il arrive à cette conséquence
que l'obligation pour le patron d'éviter les accidents est
semblable à celle du vendeur de livrer une chose sans
vices. L'un et l'autre font une garantie l'un des vices,
l'autre des accidents, qui sont bien les vices du louage.
M. Sainctelette formule ainsi sa proposition : « Le patron doit garantir la sécurité de l'ouvrier et lui rendre,
à la fin du contrat, sa personne indemne de tout accident. En cas d'accident prouvé le patron ne pourra établir sa libération qu'en démontrant le cas fortuit. »

En tant qu'elle s'appuie sur l'emploi par le Code
civil des mots *garantie, responsabilité*, la théorie de
M. Sainctelette est bien fragile. Les mots responsabilité, garantie sont employés par la loi d'une manière
qui doit sembler contradictoire à l'ancien ministre
belge. Sans parler des travaux préparatoires où le
rapporteur de l'art. 1382 le formule ainsi : « Tout individu est *garant* de son fait... » (Fenet, XIII, p. 474) (1),
nous voyons de nombreux articles où les mots garantie
et responsabilité sont pris indifféremment l'un pour
l'autre. Par exemple, le voiturier est déclaré dans le
Code de commerce « *garant* de la perte des objets à
transporter, sauf les cas de force majeure ; *garant* des
avaries autres que celles qui proviennent du vice propre de la chose ou de la force majeure » (art. 103),

(1) *Adde*, Fenet, XIII, p. 475 sur l'art. 1384, et p. 467.
V. Merlin, *Rép., v° Garantie.*

tandis que dans le Code civil (art. 1783, 1784) il est déclaré *responsable* des mêmes risques.

A propos de la responsabilité décennale des architectes, le Code l'appelle tantôt *responsabilité* (art. 1792), tantôt *garantie* (art. 2270).

Enfin, la loi applique si peu la théorie de M. Sainctelette qu'à propos du louage (art. 1732, 3, 4), du dépôt (art. 1952, 3, 4), du prêt (art. 1891), du commodat (article 1898), elle emploie le mot responsabilité où M. Sainctelette voudrait lire garantie.

Aussi croyons-nous que ce dernier est mieux inspiré quand il cherche dans la nature du contrat de travail la base de l'obligation de garantie qu'il cherche à établir. Il s'appuie sur la situation *dépendante* de l'ouvrier. Le patron commande, dirige le travail, détermine toutes les conditions du travail individuel ou en commun d'ouvriers auxquels la loi lui permet de commander, qui lui ont promis obéissance. Or, si ces hommes se sont confiés à un maître n'est-ce pas que celui-ci leur promettait la sécurité? C'est cette promesse implicite qui explique l'autorité de l'un, l'obéissance des autres, et, dit-on, elle n'est pas autre chose que la promesse de la garantie. Au patron donc de prouver sa libération par cas fortuit ou faute de l'ouvrier.

Nous répondrons à cette théorie en même temps qu'à celle ingénieusement établie par M. Sauzet (*loc. cit.*, p. 625). Elles sont analogues. Pour M. Sauzet, le patron est tenu de l'obligation de rendre, de restituer l'ouvrier à lui-même comme il l'a reçu : en cas d'accident l'obligation n'a pas été exécutée. Il faut donc que celui qui en était tenu fasse la preuve du fait qui le décharge. On applique ici les règles du louage de choses, du louage d'industrie, du dépôt, du commodat. Comme dans ces cas, dit M. Sauzet, « le contrat de louage une fois prouvé par l'ouvrier, son droit à l'indemnité est établi, car il a prouvé la responsabilité que le contrat impose au patron, sauf à celui-ci à apporter de son côté la preuve d'un fait libératoire, c'est-à-dire, toujours en principe de la faute de l'ouvrier ou d'un cas fortuit. » Et le savant professeur invoque à l'appui de son explication l'art. 2000 du Code civil, qui impose au mandant l'obligation d'indemniser le mandataire « des pertes que celui-ci a essuyées à l'occasion « de sa gestion, sans imprudence qui lui soit impu- « table ». C'est bien certainement que le mandant est responsable, *en vertu du contrat*, des préjudices à lui imputables, que l'exécution du mandat peut causer au mandataire. C'est là, dit-on, une disposition qui ne peut plus s'expliquer par le caractère de gratuité du mandat, comme en droit romain, il faut chercher autre chose. La raison donnée, la voici : « La loi pense que le mandataire, dans l'opération, exécute, obéit, n'a qu'un rôle subordonné tandis que le mandant imagine l'affaire, la monte, la dirige. » Et on fait remarquer que cette dépendance du mandataire se rencontre à un degré bien supérieur chez l'ouvrier dont le patron non seulement conçoit et dirige le travail, mais aussi le surveille.

Ainsi les deux jurisconsultes, en partant de points différents, sont arrivés à déterminer chez le patron une obligation analogue au moins dans ses effets et causée par la même situation de fait : l'état dépendant, subordonné de l'ouvrier. Tous deux en vertu des art. 1147, 1315 mettent le patron dans l'obligation de faire la preuve. La déduction est logique ; le point de départ est-il exact ?

Pouvons-nous étendre au louage de services cette obligation de rendre que la loi a imposée à certains contractants ? Un arrêt tout récent de la Cour de Paris (1) nous indique dans quel sens il faut appliquer ces dispositions. Il s'agissait d'un contrat qui a avec le contrat de transport une analogie bien plus grande que le louage de services, le contrat de louage ou de traction. On voulait établir contre une société de louage cette obligation de *rendre*, la Cour s'y est opposée : « Considérant que les dispositions des art. 1782, 1783, 1784 du Code civil modificatives du droit commun, doivent être appliquées restrictivement ; qu'applicables aux voituriers elles ne le sont pas à une compagnie de louage à laquelle ne *sont pas confiées* les marchandises transportées et qui s'engage à ne fournir que la traction dans les conditions spéciales de son industrie... »

___

(1) Cité par M. de Courcy, *Le droit et les ouvriers*, p. 20.

La Cour termine, il est vrai, en appliquant l'art. 1382, mais ce que nous voulons retenir et qui nous semble fort exact, c'est que l'obligation de rendre ne saurait être étendue arbitrairement d'un contrat à un autre. Il faudrait pour cela qu'elle s'imposât, ce qui n'est pas. Mais de plus, si cette obligation se conçoit lorsqu'il s'agit de choses confiées à la garde de quelqu'un averti de leur état, de choses qui ne peuvent périr que par la faute de celui qui a accepté d'en être le gardien, on conviendra qu'il est plus difficile de l'admettre lorsqu'il s'agit de personnes restant en possession d'elles-mêmes, demeurant libres de se mouvoir à leur guise, capables d'éviter et de déterminer par elles-mêmes des accidents. Il y a là une telle différence que jusqu'ici on n'avait point osé imposer aux voituriers cette obligation de rendre lorsqu'il s'agissait du contrat de transport de voyageurs (1).

Ecartons aussi l'analogie qu'on veut tirer du mandat (art. 2000). Le motif qui, d'après M. Sauzet, justifie l'obligation si étroite du mandant ne nous semble pas exact. Le mandataire agit dans l'intérêt de ce dernier, mais c'est tout. Il en exécute le projet, mais il demeure absolument maître de lui-même. On ne peut voir entre eux aucun lien d'autorité et de subordina-

(1) V. cependant une note de M. Lyon-Caen, professeur à la Faculté de Droit de Paris, sous l'arrêt de la Ch. civile, du 10 nov. 1884 ; S., 1885, 1, 129. L'arrêt repousse l'obligation de *rendre* à l'égard des *personnes*.

tion. L'obligation a une autre explication dans le service que rend le mandataire. Nous l'avons dit, le salaire n'enlève pas au mandat ce caractère d'obligeance. On conçoit alors que par un juste retour le mandataire ne supporte point le risque du cas fortuit, qu'il doive être indemnisé de tout dommage. Mais on ne voudrait étendre cette disposition au louage dans lequel il est bien certain que le cas fortuit pèse sur l'ouvrier.

Demandons-nous donc si les conditions du contrat de travail sont telles qu'on y puisse voir une clause implicite de *garantie*, dérivant de l'état de dépendance de l'ouvrier.

Il est un point qui semblerait ne point avoir besoin de démonstration, c'est qu'en général le salaire de l'ouvrier est proportionné aux dangers de chaque industrie par le libre jeu de l'offre et de la demande. Cependant on l'a nié en s'appuyant sur des comparaisons spécieuses. Non! dit-on, le risque est si peu payé par le patron que nous voyons à chaque instant « le métier le plus dangereux payé le moins cher : un charpentier gagne 8 francs, un chaudronnier 9 francs, un couvreur 7 fr. 50, un boulanger 10 francs, un carrier 4 francs 50 et un chapelier 9 francs » (1). C'est ne pas tenir compte des divers éléments qui concourent à la fixation du salaire. S'il n'y avait que la prévision du risque, l'objection serait juste, mais il y

(1) Ch. des députés, 8 mars 1883, p. 526, col. 3.

a un élément beaucoup plus considérable, c'est l'utilité
du travail. Chacun est payé d'après la richesse qu'il
peut créer, ce qui nous explique qu'un chapelier et un
boulanger gagnent 9 et 10 francs, tandis que le carrier
ne soit payé que 4 francs 50. Il faut même tenir compte
d'autres éléments, et ils sont nombreux, qui détermi-
nent le taux du salaire (1). Pour se rendre compte de
l'influence qu'exercent sur lui les conditions périlleuses
du travail, il faut comparer non pas deux industries différentes, mais deux mêmes industries, l'une s'exerçant
sans danger, l'autre avec danger, toutes conditions
égales d'ailleurs. C'est ce qu'avoue fort bien M. Sauzet.
Supposons deux mines contiguës; dans l'une l'ouvrier
risque sa vie, pas dans l'autre. Les demandes d'emploi afflueront dans la seconde, tandis que les travailleurs
déserteront la première, à moins d'une compensation
pécuniaire. Le fait saute aux yeux. On peut donc dire
qu'il y a dans l'augmentation du salaire dans les industries dangereuses, une preuve que le patron ne s'engage point à garantir l'ouvrier d'un risque déjà payé.
A cela M. Sauzet répond que le salaire surélevé n'est
que la compensation des risques qui restent à l'ouvrier
malgré la responsabilité du patron. L'ouvrier, dans une

_____

(1) V. sur la détermination des salaires : Beauregard, professeur à la Faculté de Droit de Paris, *La main-d'œuvre et son
prix*, 1887, p. 324 et suiv. — Cauwès, professeur à la Faculté
de Droit de Paris, *Précis d'économie politique*, II, n°˙ 815 et
suiv., 926 et suiv.

exploitation dangereuse, s'expose à être victime de sa propre faute, de sa négligence inévitable dans une certaine mesure. Cela suffirait pour justifier l'augmentation de salaire. On avoue même qu'il peut y avoir là une assurance du patron contre le cas fortuit (1). Mais alors nous ne comprenons plus : à quoi s'engage le patron, à *garantir*, à *rendre*? Non! à *répondre de sa faute*. Cela nous l'admettons : l'élévation du salaire ne peut être exclusive de la faute. Mais si elle est exclusive du cas fortuit, sur quoi se baser pour imposer au patron la charge de la preuve? Il faut présumer le patron en faute, ce que M. Sauzet repousse à bon droit (2).

Mais la réponse que nous voulons faire à MM. Sainctelette et Sauzet est beaucoup plus générale. L'augmentation du salaire proportionnellement au risque n'est qu'un des termes du débat, et qui n'est point nécessaire. L'ouvrier qui s'engage dans un travail dangereux connaît le péril ou tout au moins en a conscience. S'il

---

(1) *Loco citato*, § 44.

(2) M. de Courcy cite un cas de louage où l'assurance contre le risque par l'augmentation du salaire est bien évidente. J'ai un bois dans lequel les braconniers se donnent carrière contre le gibier et les gardes. Je ne trouverai de garde que moyennant un prix fort élevé, tandis que, dans la commune voisine, le garde d'un autre bois pourra être payé beaucoup moins. C'est que dans un cas le salaire doit compenser le risque qui est absent de l'autre. Et c'est bien le cas fortuit qui est ici prévu, attendu que la faute du maître est difficile à supposer.

s'y soumet sans exiger de conditions spéciales, c'est qu'il l'accepte (1). Dans le silence de la loi et du contrat, il est impossible d'imposer à une partie une obligation de garantie quelconque. L'ouvrier est sous la dépendance de son patron qui dirige le travail et le surveille. C'est vrai, mais cela veut-il dire que le patron ait assuré l'ouvrier contre tous les accidents qui pourraient le frapper pendant l'ouvrage et du chef de l'ouvrage! Peut-on le dire quand la dépendance du travailleur n'est que relative, quand il reste maître de sa personne! Est-ce exact quand il est indiscutable que la majeure partie des accidents à cause inconnue est due à la faute de l'ouvrier!

Tout ce qu'on peut dire c'est que du fait du contrat qui existe entre les ouvriers et le patron, l'obligation de ce dernier de s'abstenir de toute faute est devenue plus étroite, l'oblige à prendre certaines précautions (2).

----

(1) M. Faure soutient que l'ouvrier n'est pas libre de choisir son métier. Il fait le métier des siens, le métier qu'on lui a enseigné, le métier qu'il peut, dit-il. « Dire qu'un ouvrier est libre de choisir son métier, qu'il peut l'abandonner lorsqu'il lui parait dangereux, c'est ne pas connaître suffisamment les conditions dans lesquelles vivent les travailleurs. » — Le patron est-il plus libre ?

(2) La théorie de M. Sainctelette a cependant triomphé devant la Cour supér. de Luxembourg, 27 nov. 1884. — Le tribun. civ. de Bruxelles, 25 avril 1885. — Trib. de com., *id.*, 28 avril 1885. — Ensemble, S., 1885, IV, 25. — V. *contra,* C. cass. belge, 8 janvier 1886; S., 1886, IV, 25.

Ce n'est pas à cette théorie de MM. Sainctelette et Sauzet que s'est rallié M. Labbé (1). L'éminent professeur préconise un autre système qui aboutit, du reste, au même résultat relativement à la preuve. Il propose de le formuler ainsi : « Le maître qui dirige le travail de l'ouvrier garantit la bonne détermination de ses ordres, le bon état, l'aptitude des instruments qu'il fournit, l'emploi judicieux des moyens les plus sûrs de préservation. Quand l'ouvrier est placé dans une situation où le péril est accru par la multiplicité des agents employés ensemble, il garantit le choix éclairé, prudent des collaborateurs qu'il donne à cet ouvrier » (S., 1885, 4, p. 28, colonne 1). Si nous comprenons bien jusqu'ici la pensée du savant maître, le patron n'est plus *débiteur de sécurité*, mais il est *débiteur des précautions nécessaires*. Quant à son obligation elle est positive, directe. Il en résulte que le fardeau de la preuve se trouve déplacé parce que, dit M. Labbé, dans les contrats l'inexécution des obligations se présume toujours (art. 1315, § 2), le principe, la faute ne se présume pas, « n'est vrai qu'entre personnes qui n'ont pas contracté ensemble » (S., 1886, 4, p. 27). Aussi, en cas d'accident, l'employeur serait-il tenu de prouver sa libération en prouvant le cas fortuit ou la faute de l'ouvrier.

M. Labbé explique sa théorie en invoquant les prin-

----

(1) V. notes Sirey, 1885, 4, 25. — 1886, 4, 25.

cipes du contrat de transport. Le voiturier est tenu
d'une double obligation. 1° Transporter la chose d'un
lieu dans un autre; 2° soigner la chose, veiller à sa
conservation. Si elle n'arrive pas à destination, le voiturier doit prouver qu'elle a péri par une cause qui ne
lui est pas imputable. Jusque-là, dit-on, il est présumé
en faute. — Si la chose arrive détériorée, nous sommes
en face « non plus de l'obligation principale de transporter, mais de l'obligation complémentaire de donner
des soins conservatoires ». Quelle est la situation du
voiturier ? Peut-il dire : prouvez que je n'ai pas donné
les soins nécessaires, la faute ne se présume pas ? Non !
dit-on (art. 103, § 2, C. com., 1315, § 2, C. c.). Il doit
« prouver qu'il a usé de toute la diligence possible,
prouver le fait de force majeure qui le libère de son
obligation de veiller à la conservation » (S., 1886, 4,
p. 27, col. 3, *in fine*). C'est ce que décide la Cour de
cassation (23 août 1858; S., 1860, 1,984). De même
la machine éclate : le maître de l'usine qui devait la
procurer en bon état, l'entretenir en bon état, etc...,
a-t-il rempli son obligation ? C'est à lui de le prouver.

En droit, la déduction de M. Labbé est parfaitement
exacte. Si le bailleur est tenu, en vertu du contrat, à
l'obligation directe de prendre les précautions nécessaires, il doit devant le juge, à tout moment, justifier
de son exécution ou de la libération. L'état de droit
préexistant c'est l'obligation résultant du contrat
prouvé : celui qui allègue un état de droit contraire

doit en fournir la preuve ou être condamné à des dommages-intérêts (art. 1315) (1). — Mais l'argumentation de MM. Sainctelette et Sauzet était tout aussi exacte en admettant leur point de départ, l'obligation de *garantir*, *de rendre*.

C'est précisément ce que nous contestons : les prémisses ne sont pas exactes. Le maître de l'usine ne s'engage pas plus directement à prendre des précautions qu'à garantir ou rendre. Pour l'établir, on invoque une analogie inadmissible. Nous l'avons dit, nos obligations envers les choses, ne ressemblent point à celles que nous avons envers les personnes. A l'égard des premières, il n'y a pas dans le louage de choses, dans le contrat de transport, etc., une véritable obligation de prendre des précautions, il y a une obligation de *rendre intact un objet confié*. Rien de semblable dans le louage de services.

Aussi croyons-nous pouvoir nous en tenir à la théorie que nous avons exposée en critiquant la jurisprudence. La responsabilité du patron est bien modifiée par le contrat, elle n'en a pas moins sa source dans une faute. Au point de vue de la preuve il a suffisamment satisfait à son obligation quand il a justifié qu'il ait livré l'outil à l'ouvrier.

(1) Il n'était pas besoin de dire, comme le savant professeur l'a fait, que dans les contrats la faute se présume ; c'est l'inexécution qui se présume. Il y a là un terme qui pourrait être une cause de confusion.

A cela M. Labbé est tenté de répondre : La faute se présume dans les contrats, voyez si le voiturier qui livre une chose détériorée, exécutant donc son obligation de rendre, n'est pas obligé de prouver la force majeure, n'est pas, par conséquent, présumé en faute ! Ce n'est pas exact ! Le voiturier n'a exécuté son obligation que lorsqu'il a restitué la chose dans l'état où il l'a reçue.

L'opinion que nous soutenons vient d'être admise implicitement par la Cour de cassation belge dans une affaire où M. Sainctelette plaidait devant elle. Un garde-convoi faisait, pendant la marche du train, le récollement des billets de voyageurs. Il tomba et se tua. On invoqua contre l'État l'obligation de *garantir*, que la Cour repousse en ces termes : « Attendu que si le maître, en vertu des principes d'équité contracte l'engagement de veiller à la sécurité de l'ouvrier dans le travail auquel il l'emploie, il ne peut jamais être tenu de le garantir contre toute espèce de danger inhérent à ce travail et que l'ouvrier connaissait en s'engageant, à moins que l'accident n'ait été la suite d'une faute ou d'un manque de prévoyance du patron. » C'est bien la faute contractuelle, mais évidemment comme nous la concevons, sans renversement de la preuve. « Attendu que si le contrat avenu entre l'État et Masy n'oblige le premier à répondre que de sa négligence ou de son imprévoyance....., le maître ne manque à ses obligations que lorsque par sa faute un accident arrive à son ouvrier; que dès lors, l'arrêt attaqué devait selon les art. 1315 et 1147, imposer à celui qui imputait à son cocontractant de n'avoir pas exécuté le contrat, le devoir d'en fournir la preuve. » *La rédaction n'est pas exempte de tout reproche*, mais la pensée de la Cour semble bien nette (1).

§ 3. *De la clause de non garantie* (2).

C'est un principe universellement admis dans notre droit qu'on ne saurait, par une convention, s'affranchir par avance des conséquences de la faute prévue par les art. 1382 et suivants. L'ordre public, dit-on, s'y oppose

---

(1) C'est aussi l'opinion de M. Glasson. Le savant professeur, dans la communication qu'il a faite à l'Académie des sciences morales et politiques sur les conditions juridiques du travail, a présenté la théorie que nous avons soutenue. « Lorsque le patron a livré les instruments, il n'est pas établi à l'avance qu'il n'a pas exécuté son obligation. Le patron soutient même le contraire, et en définitive la question se ramène à savoir si la faute doit ou non se présumer contre lui. Posée en ces termes, cette question, dans le silence de la loi, doit être tranchée par l'application de ce principe élémentaire que la faute ne se suppose pas; c'est donc à l'ouvrier à prouver son existence. » *Loc. cit.*, p. 33. — V. aussi Cotelle, *Rev. pratique*, t. LV, p. 531.

(2) Cette expression en usage est incorrecte, puisque nous repoussons l'obligation de *garantir*.

et il faut déclarer nulle toute clause qui aurait pour but cet affranchissement total ou partiel.

C'est ce qu'a décidé la Cour de Dijon (24 juillet 1874; S., 75, 2, 73) dans l'espèce suivante. Une compagnie avait fondé entre ses ouvriers une société de secours mutuels et stipulé vis-à-vis des ouvriers les clauses suivantes : 1° La société, moyennant une subvention, est substituée à la compagnie pour toutes les obligations pouvant incomber à celle-ci, vis-à-vis des ouvriers, en vertu des art. 1382 et suivants, 2° le conseil d'administration de la société est constitué tribunal arbitral pour statuer souverainement sur les droits à prétendre par les ouvriers victimes d'accidents, ceux-ci renonçant à demander aux tribunaux ordinaires d'autres et plus grands secours que ceux réglés par les statuts. La Cour a déclaré que toutes ces clauses étaient frappées d'une nullité absolue, comme ayant pour objet de modifier les règles de la responsabilité édictée par les art. 1382 et suivants. L'arrêt déclare la clause contraire à l'ordre public.

La question s'est posée en 1859 devant la Cour de cassation à propos du contrat de transport de choses. La clause de non-garantie fut annulée par ce motif que les art. 1784 du Code civil et 103 du Code de commerce n'autorisent pas les voituriers à déclarer qu'ils ne seront pas responsables de leurs fautes ou de celles de leurs préposés (1). Seulement, par une sorte d'incon-

(1) 26 janv. 59 ; S., 59, 1, 316. *Adde*, Rouen, 15 mars 1886;

séquence, et dans le désir sans doute de donner quelque
effet à la volonté des parties, d'autres arrêts retiennent
quelque chose de cette clause contraire à l'ordre public, et déclarent qu'elle a la force de transporter la
preuve du voiturier à l'expéditeur, du demandeur au
défendeur (1).

Nous admettons que la jurisprudence, qui voit dans
les art. 1382 et suivants la source de toute responsabilité dérivant d'une faute, annule la clause de non-
garantie, mais alors nous ne comprenons plus le tempérament, car la nullité, si elle existe, est d'ordre public comme l'article qu'elle viole.

Ce n'est pas tout et la Cour de cassation était allée
jusqu'à admettre en matière de transports sur mer cette
clause qu'elle repoussait en matière de transports sur
terre (2). Le motif qu'elle donnait était la contradiction absolue de l'arrêt de 1859 : « Attendu, dit l'arrêt
du 14 mars 1877, qu'aucune loi ne défend aux proprié-
taires de navires de stipuler qu'ils ne répondront pas
des fautes du capitaine ou de celles de l'équipage ;
qu'une telle convention n'est pas contraire à l'ordre
public ni aux bonnes mœurs. » — On ne sait plus à
quoi s'en tenir et il semble que la Cour elle-même

S., 1887, 2, 48. Cons. d'Etat, 11 mars 1881 ; S., 1882, 3,
p. 53.

(1) C., 24 janvier 1876; S., 1876, 1, 80. — C., 4 fév. 1874;
S., 1874, 1, 273 et note.

(2) Cass., 14 mars 1877; S., 79, 1, 422.

décide ainsi à regret, car elle ajoute : « Tout en admettant que l'ordre public ou les bonnes mœurs ne permettraient pas en principe de s'exonérer des fautes de ses préposés. »

Il n'y avait rien dans le transport par mer qui put justifier une semblable exception, aussi une jurisprudence plus récente l'a-t-elle supprimée (1), en laissant toutefois subsister l'anomalie que nous avons relevée et qui consiste à voir dans la clause de non-garantie une convention relative au renversement de la preuve.

Quelques auteurs ont adopté l'opinion de la jurisprudence : « Il faut, dit M. Sourdat (2), décider qu'à cet égard les stipulations les plus formelles seraient inutiles. Expresses ou tacites, ces conventions tendraient à affranchir les compagnies de leurs propres fautes ou de celles de leurs agents, ce qui revient au même, à couvrir des soustractions et de véritables délits. De semblables stipulations sont donc nulles comme ayant une cause illicite, comme contraires à l'ordre public et à des lois positives dont l'homologation ne peut anéantir l'effet. »

Pour nous cette manière de voir a le grave inconvénient de violer la liberté des conventions ou tout au moins de confondre la responsabilité délictuelle et contractuelle.

(1) C., 21 juillet 1885, 1er mars 1887; S., 1887, 1. 121, note.
(2) *Responsabilité*, nᶜˢ 994, 995, 1079. V. en ce sens, Pardessus, *Droit commercial*, II, n° 542.

En effet, que peut-il y avoir de contraire à l'ordre
public dans la stipulation qu'une des parties ne fournira
que le minimum de soins possible tout en restant de
bonne foi. L'autre partie accepte, en exigeant sans
doute une compensation ; pourquoi la loi se montre-
rait-elle plus exigeante que la personne intéressée ?

Cependant on pourrait peut-être se demander comment justifier la différence que nous faisons entre la
responsabilité qui dérive de la faute délictuelle et celle
qui dérive de la faute contractuelle. Pour être contractuelle la faute n'en est pas moins la faute, est une violation du droit d'autrui tout aussi repréhensible, illégi-
time, pourrait-on nous dire ; la responsabilité, dans les
deux cas, n'est que l'application de la règle que réparation est due pour le préjudice causé sans droit ! —
Nous croyons qu'il est possible de répondre : l'art. 1382,
comme nous l'avons montré plus haut, ne saurait être
étendu à une cause de responsabilité que les deux
parties ont fait naître.

On l'admet généralement (1) et M. Sauzet lui-même
au moins pour les contrats, en général : « Nous croyons,
dit-il (2), qu'en matière de responsabilité contractuelle,
c'est par l'examen des conditions essentielles à chaque

(1) V. Demante et Colmet de Santerre, III, art. 1136, 1137,
n° 34 *bis*. — Aubry et Rau, IV, § 308, texte et note 26. —
Demolombe, *Oblig.*, I, n°⁺ 404 et s. — Laurent, XVI, n°ˢ 217
et suiv.

(2) *Loc. cit.*, p. 48.

contrat, conditions au nombre desquelles peut, en certains cas, être comprise la responsabilité des fautes, que la question doit être tranchée. » Et aussi M. Saincte-lette : « Les contrats, dit-il (1), ont pour fin de desservir non l'intérêt public, mais les intérêts privés. Ils n'ont pas à intervenir dans l'établissement et le maintien de l'ordre public. On ne leur demande que de ne pas le troubler. Sous cette seule réserve, les volontés des contractants sont toutes-puissantes. Autrement le législateur énoncerait cette prétention, absurde autant que tyrannique, de connaître l'intérêt privé mieux que celui-ci ne se connaît lui-même. »

Mais quand il faut faire l'application de ces principes au cas d'accident dans le louage de services, les mêmes auteurs se récusent. Le premier déclare que l'obligation de veiller à ce que le travail s'accomplisse dans les meilleures conditions de sécurité est un élément *essentiel* du contrat de louage et non simplement *naturel*. Le second déclare que tout ce qui touche à la sûreté des personnes est d'ordre public.

Ce sont des affirmations qui n'ont pas fait fortune.

« S'il s'agit d'une faute contractuelle et non pas d'un délit civil, dit M. Glasson, les patrons ont incontestablement le droit, par des conventions formelles, de limiter leur responsabilité et même *de la supprimer entièrement* (2). Il n'est pas permis d'échapper à l'application

(1) *Loc. cit.*, p. 17.
(2) La bonne foi toujours exigée.

de l'art. 1382. Rien n'est plus facile, au contraire, que de stipuler, dans un contrat, la clause de non garantie ou de non responsabilité » (*loc. cit.*).

C'est aussi ce que déclare M. Labbé (1) : « Cette thèse laisse toute liberté pour étendre ou restreindre, comme on le jugera convenable, la responsabilité du maître. Elle n'est ni favorable ni contraire à l'entrepreneur, qui par sa volonté expresse ou présumée, règle sa situation en face de l'ouvrier qui lui loue ses services..... Il doit ce dont il est convenu, il ne doit rien au delà. La convention règle les rapports des parties. »

Citons enfin M. Lyon-Caen (2) qui s'exprime ainsi : « Je crois avec une pleine conviction que la responsabilité contractuelle peut être écartée par une convention, pourvu qu'il ne s'agisse ni d'un dol, ni d'une faute lourde y assimilée. Je l'admets aussi bien quand il s'agit d'une faute ayant pour conséquence un dommage causé à la personne, que lorsqu'il est question d'un dommage causé à une chose. »

Il n'y a pas, en effet, à distinguer selon que le dommage est causé à une personne ou à une chose. Il est universellement admis que le maître d'une usine a le droit de s'assurer contre les effets de la responsabilité qu'il peut encourir. Cette convention est assurément valable quand elle intervient entre un patron et une per-

(1) S., 1886, 4, 25 note.
(2) V. *Le droit et les ouvriers*, par M. de Courcy, p. 49.

sonne étrangère à son usine. Pourquoi alors la déclarer nulle quand elle intervient entre le patron et son ouvrier ? Le résultat est absolument le même : le patron s'affranchit d'avance de ses fautes et de celles de ses préposés. Pourquoi distinguer ? Sera-ce parce que l'ordre public est intéressé non pas à ce que je subisse les conséquences de ma faute, mais à ce que la victime obtienne réparation ? Mais qui vous dit qu'elle ne trouve pas son avantage dans la convention ainsi faite, qu'une partie du salaire n'est pas l'indemnité du risque qu'elle court ? Le contrat est aléatoire, l'ouvrier devient assureur, tout comme une compagnie. Il reçoit l'équivalent du sinistre à courir sous forme d'augmentation de salaire : « Quand le créancier, dit M. Labbé, renonce à exiger du débiteur la réparation d'une faute, il prend à sa charge le dommage résultant de cette faute, il fait l'équivalent d'une assurance. Pour l'auteur de la faute surtout, l'identité du résultat obtenu dans les deux cas, à savoir l'exonération, doit conduire à la similitude des règles juridiques » (1).

M. de Courcy, à propos du louage de choses, a bien mis en relief ce côté de la question (2) : « S'il m'est permis, dit-il, d'aller porter vingt francs à une compagnie d'assurances pour me décharger sur elle de la

---

(1) Note sous Cass., 15 mars 1876 ; S., 76, 1, 338.

(2) *Questions de droit maritime*, 2° série. *Limites de la responsabilité personnelle*, p. 75 et suiv., 99 et suiv.

responsabilité de mes fautes, de celle de mes enfants mineurs, de mes domestiques et de mes ouvriers, vis-à-vis de mon propriétaire, vis-à-vis de mes voisins : si les bonnes mœurs et l'ordre public n'y font aucun obstacle, comment me serait-il interdit d'offrir ces mêmes vingt francs à mon propriétaire, en supplément de loyer ou de les confondre dans la discussion du prix, et de convenir par le bail que le propriétaire renonce à exercer sur moi le recours en responsabilité de l'art. 1733? Et, si je n'ai qu'un seul voisin, comment me serait-il interdit de lui offrir cette prime d'assurance de vingt francs ou encore de stipuler avec lui, par une convention amiable et de bon voisinage, une renonciation réciproque à tout recours pour communication d'incendie? »

MM. Sainctelette et Sauzet ont vu que la situation juridique qu'ils faisaient aux patrons, semblerait à ceux-ci arbitraire et intolérable, qu'ils feraient tout pour s'y soustraire. C'est pourquoi ils ont tout fait pour combattre la clause de non-garantie, ou plutôt pourquoi, en dehors des préoccupations politiques malsaines, ils ont cherché si cette clause n'était pas contraire au louage, à l'ordre public. Nous croyons qu'ils n'ont de ressources que dans l'intervention législative.

CONCLUSION

La théorie de la responsabilité contractuelle du patron en cas d'accident, pouvait être intéressante à établir au triple point de vue de son étendue, de la preuve et de la clause de non-responsabilité. Nous avons vu que dans la mesure restreinte dans laquelle nous l'admettons, elle avait sa raison d'être sur le premier point et non sur le deuxième. Elle l'a encore au point de vue du troisième, de la clause de la non-responsabilité.

L'avantage du système que nous avons adopté sur celui de la jurisprudence est de permettre de rendre le patron responsable de sa faute *in omittendo* que ne comprend point l'art. 1382, et de faire intervenir le contrat dans l'appréciation de faute.

Mais, et cela n'a pas été notre préoccupation, nous devons convenir que notre système ne donne point satisfaction aux revendications ouvrières. Nous ne proposons même pas de bouleverser dans ce but, au moyen d'une loi, les conditions du louage de services. Pour cela, il faudrait admettre que celui que frappe l'infortune peut s'en décharger sur une autre personne, et aussi que lorsque l'accident a une cause inconnue, c'est la faute du patron qui est la plus vraisemblable. Cela est inexact! L'imprudence, la négligence des ouvriers, leur ivresse trop souvent, sont les causes habituelles des accidents (1).

Ce n'est pas que nous estimions qu'il n'y ait rien à faire pour l'ouvrier. En dehors de l'éducation morale qui lui manque, ce qui fait qu'on se demande s'il ne serait pas bon de protéger sa famille contre lui-même, nous nous demandons s'il ne serait pas opportun de donner une impulsion législative à l'assurance et de permettre dans une certaine mesure l'association ouvrière. Il peut y avoir à donner à l'ouvrier des facilités de tous genres, d'accès en justice notamment. On ne doit jamais lui sacrifier la saine notion du *droit*.

Ce que nous avons dit du louage des ouvriers se conçoit également du louage des autres personnes. Un maître qui confie un cheval à son cocher est dans la situation du patron à l'égard du chauffeur. Dans une certaine mesure et en tenant compte de la nature de toute espèce de contrat, on peut dire que nous n'avons pris qu'un exemple.

(1) M. Félix Faure, qui propose cependant de rendre le patron responsable dans tous les cas, avouait que sur 100 accidents, 12 seulement sont imputables à la faute du patron, 20 à la faute de l'ouvrier et 68 au cas fortuit ou à des causes inconnues.

APPENDICE

Nous avons supposé jusqu'ici qu'il n'y avait dans la
faute commise par le patron un délit criminel rentrant
dans l'hypothèse des art. 319 et 320 du Code pénal.
C'est ce qui arrivera si les blessures ne sont pas celles
que visent ces articles, si le patron est une personne
morale, une société.

Dans le cas où il y aura délit criminel, la victime ou
ses héritiers pourront intenter deux actions, l'action civile ordinaire et l'action civile naissant du délit. Quelle
sera la plus avantageuse? Au point de vue de la preuve
il n'y a pas de différence à faire; mais au point de vue
de l'étendue de la responsabilité elle est toujours considérable. L'une procurera une indemnité basée sur la
perte éprouvée et le gain qui a été prévu ou qu'on a pu
prévoir lors de la formation du contrat (art. 1149, 1150),
l'autre procure la réparation de tout le préjudice causé.
Elle obtiendra réparation même malgré la clause de
non-garantie; seulement il est de jurisprudence que
l'action civile s'éteint en même temps que l'action
pénale dont elle est l'accessoire (art. 637, 638, C. inst.
cr.); elle ne dure donc que trois ou dix ans. En cela

elle est moins avantageuse que l'action dérivant du droit civil qui dure trente ans (1). — La situation du patron est loin d'être favorable, car pour encourir l'application des art. 319, 320 du Code pénal, il n'est pas nécessaire qu'il ait eu l'intention de nuire, il suffit que l'accident ait été précédé de négligence de sa part.

(1) V. Glasson, *loc. cit.*, p. 32. — Larombière, art. 1382, VII, n° 9. — Aubry et Rau, IV, § 446, note 7. — On ne saurait objecter l'art. 2046, C. c., qui permet de transiger sur l'intérêt civil qui résulte d'un délit, car il ne s'agit que d'un délit commis.

CHAPITRE III

LÉGISLATIONS ÉTRANGÈRES

Tous les pays qui se sont préoccupés de la question sociale ont vu dans l'assurance le remède à la situation pénible de l'ouvrier. Nous allons passer rapidement en revue les diverses législations.

§ 1. *Angleterre.*

(Lois des 27 mai 1878 et 7 septembre 1880.)

La première loi qu'on rencontre sur la responsabilité est une loi de Charles II qui paraît n'avoir fait que reproduire d'anciennes coutumes de l'époque féodale et qui déclarait le maître responsable de tout dommage causé par son préposé, même en dehors de l'exercice de ses fonctions, même en désobéissant aux ordres reçus. Jusque-là il n'était tenu, bien entendu, que de sa faute personnelle.

Cette loi était trop dure pour le maître, aussi elle ne reçut point d'application (1). On n'en tint aucun compte, et la jurisprudence trouva, pour l'éluder, un moyen assez ingénieux. Le texte ne visant que l'accident causé à un étranger, on déclara qu'il n'y avait pas possibilité de l'appliquer à un ouvrier blessé par un de ses camarades. On alla même si loin qu'on décida que l'accident arrivé par la faute d'un contre-maître n'engageait pas la responsabilité du patron : le contremaître étant aussi un subordonné, on en faisait un compagnon de l'ouvrier. Le patron ne répondait donc, en somme, que de sa faute personnelle.

Il en était encore ainsi en 1837. Dans un procès (Priestley contre Fovoler), il fut encore décidé que le maître n'était pas responsable de la faute de ses pré-posés.

En 1844 commence l'ère de la réglementation de l'industrie, et, comme toujours, la législation anglaise procède par espèces. C'est d'abord la loi du 6 juin 1844 sur le travail des femmes et des enfants dans les filatures à moteurs mécaniques. La loi prévoit les accidents et impose de grandes précautions. Deux lo·s la complètent, celle du 5 août 1850 et celle du 10 août 1853. Toutes ces lois ne concernent que les filatures, mais en 1861 on les applique aux fabriques de den-

---

(1) V. *Journ. officiel*, 11 mars 1883. Discours de M. Graux à la Chambre des députés, du 10 mars 1883.

telles à la mécanique et de tulle ; en 1864, à certaines
industries dangereuses ou très pénibles (fabriques de
cartouches, d'amorces fulminantes, d'allumettes chi-
miques, de papiers peints, briqueteries et tuileries, etc.).
On les étendit en 1867 à tous les ateliers employant
cinq personnes au plus.

En 1872, une loi réglemente le travail dans les
mines.

En 1874, la condition des enfants est encore amélio-
rée dans certaines industries. Leur travail est régle-
menté jusqu'à quatorze ans, et on ne peut les employer
avant dix ans. Des inspecteurs nommés par le gouvernement surveillent l'exécution de ces dispositions et
l'imposent au besoin, sous la sanction d'une peine de
deux mois d'emprisonnement qu'ils peuvent prononcer eux-mêmes.

En 1878, une loi du 27 mai codifia cette législation
du travail. Elle ne comprend pas moins de 107 articles.
Elle est générale, applique à tous les ouvriers et apprentis une protection jusque-là réservée à certaines
industries. Mais cette loi ne contient pas encore la disposition relative à la responsabilité du patron à l'égard
de la faute de ses préposés. Il n'est responsable que de
la sienne propre, qui sera à la vérité très fréquente,
car la loi prescrit des mesures préventives considéra-
bles.

La loi du 7 septembre 1880 vint combler cette lacune (1). Le patron est responsable lorsqu'un dommage a été causé à un ouvrier :

1° Par quelque défaut dans le mode de travail ou dans le matériel employé ;

2° Par la négligence de quelqu'un de ceux que le maître a commis pour avoir la conduite des travaux ;

3° Par le fait de toute personne employée chez le patron et aux ordres de laquelle était l'ouvrier au moment de l'accident, lequel accident n'est arrivé à cet ouvrier que parce qu'il s'est conformé aux ordres reçus ;

4° Par le fait de toute personne employée du maître et qui agissait en conformité des règlements faits par lui ou en exécution des ordres donnés par l'un de ceux auxquels il avait délégué son autorité ;

5° Par la négligence de tout employé chargé des signaux, de la conduite des trains ou des machines sur une voie de fer.

L'ouvrier qui a souffert de ce dommage ou, s'il a péri, son ayant cause a le même droit à l'indemnité qu'une personne étrangère.

Ce n'est pas encore la législation française. Chez nous le patron est responsable à raison du choix qu'il a fait de ses ouvriers et de la direction qu'il donne à leurs travaux. Il est responsable de l'accident causé

____

(1) *Annuaire de lég. étr.*, 1880, p. 37.

par ses ouvriers, qu'ils agissent ou non en conformité des ordres reçus. Dans la loi de 1880, il n'en est pas de même. Le patron, sauf si l'accident provient d'un ouvrier ayant le droit de commander, n'est responsable que des ordres qu'il a donnés.

Il est en outre des cas dans lesquels aucune indemnité ne sera due (art. 2). C'est si l'accident est dû à une cause de force majeure. Encore en cas de négligence du patron, si celui-ci a eu le soin de faire approuver par les autorités compétentes les règlements de son industrie, ou s'ils ont été établis en exécution d'une loi; alors l'imperfection de ces règlements couvre la responsabilité. Chez nous au contraire, le patron doit prendre de lui-même et toujours, les précautions nécessaires contre les accidents qu'il prévoit. Enfin la théorie des fautes communes n'existe pas en Angleterre. La loi de 1880 déclare que le patron n'est pas responsable si la défectuosité qui lui était imputable était connue de l'ouvrier qui ne l'avait pas indiquée (art. 3).

Dans les cas où elle est due, l'indemnité n'est pas proportionnée au préjudice causé. Un maximum est fixé. La somme que l'ouvrier peut recevoir ne doit pas dépasser le salaire de trois ans d'un ouvrier de la même profession dans le même district (1).

---

(1) L'action doit être intentée par la victime dans les six mois de l'accident, par ses héritiers dans l'année à partir de sa mort.

Dans le cas où l'indemnité a été ainsi accordée, l'ouvrier doit la précompter sur ce qu'il pourrait prétendre, soit en vertu de stipulations passées par lui, soit à raison des amendes que la loi lui attribue.

Le système préventif de la législation anglaise a été étendu aux exploitations agricoles qui font usage de moteurs mécaniques (*Ann. lég. étr.*, 1878, p. 14).

§ 2. *Etats-Unis.*

Nous ne connaissons pas de dispositions législatives sur la matière aux États-Unis. La convention seule est à considérer. On distingue entre le danger qui est manifeste ou non. Le premier a été accepté par l'ouvrier qui, en cas d'accident, n'a droit à rien. Il en est de même lorsqu'il sait qu'aucune précaution n'a été prise dans le but d'éviter les accidents.

Si le danger est caché le patron, pour éviter toute responsabilité, doit indiquer suffisamment à l'ouvrier le risque qu'il court et les moyens de l'éviter.

Quand il a accepté le travail, l'ouvrier ne peut s'en prendre à son patron des suites de sa propre inexpérience (1).

(1) Cour sup. du Massachusetts, 25 juin 1885. V. *Journ. du dr. int. priv.*, 1886, p. 725.

§ 3. *Allemagne.*

(Lois 7 juin 1871 et 6 juillet 1884) (1)

L'Allemagne a fait un grand pas vers une solution de la question sociale. Nous ne croyons pas qu'on puisse dès maintenant apprécier l'œuvre hardie du prince de Bismarck. Il s'est jeté dans le socialisme et a étouffé le principe de la liberté du travail. L'avenir constatera les résultats, nous allons examiner les moyens employés. Ils ont été résumés dans le dernier discours du trône (15 janvier 1888) :

« Déjà dans le message du 17 novembre 1781, Sa Majesté l'Empereur a exprimé le désir sincère d'assurer par la voie législative et d'une façon régulière, les secours de l'Etat aux ouvriers que leur âge ou leur invalidité ont rendu incapables de travailler, espérant ainsi affermir la paix sociale et consolider la puissance du travail national. Après le développement progressif des mesures législatives sur les assurances contre les accidents, mesures fondamentales pour la formation

_____

(1) V. sur ces lois et la loi de 1883 : *Annuaire de lég. étr.*, 1871. — *Bulletin de la société de lég. comp.*, 1883, 1885, p. 58 et suiv. Article de M. Merlin et observ. de MM. Hubert-Valleroux et Cheysson. — *Revue des Deux-Mondes*, 15 mars 1888, article de M. Arthur Desjardins.

des liens corporatifs, il est devenu possible de résoudre ce problème et les difficultés particulières qui l'accompagnent, de telle sorte qu'un projet de loi sur l'assurance des invalides du travail et des ouvriers âgés est en ce moment à l'étude.....

« La loi actuellement en vigueur sur les associations économiques et industrielles repose sur la responsabilité collective et complète de tous les membres... »

Nous ne nous occuperons que de la législation en matière d'accidents industriels. L'association des ouvriers est en dehors de notre cadre. De même le projet sur l'assurance des ouvriers âgés et invalides (1).

La première loi est celle du 7 juin 1871, qui est venue déterminer d'une façon plus complète la responsabilité des patrons en cas d'accident. Avant elle, on connaissait bien en Allemagne la responsabilité du fait personnel, mais, sauf dans les provinces rhénanes ayant conservé le Code civil, il n'y avait point de disposition analogue à notre art. 1384. Le patron n'était

(1) Ce projet doit, paraît-il, profiter à 12,000,000 d'individus. Des secours sont accordés aux ouvriers âgés de soixantedix ans et à ceux qui sont atteints d'une incapacité durable de travail. Le secours consiste en une rente annuelle payée; chacun pour un tiers par l'empire, les patrons, les assurés. Le montant de la rente varie pour les invalides de 120 à 250 marks par an. Pour les vieillards hommes elle serait de 120 marks et de 180 (!) pour les femmes (V. *Bulletin de la Société de législat. comparée*, févr. 1888, p. 204, 205).

responsable que s'il avait commis une faute dans le choix de son préposé.

La loi de 1871 comprend 10 articles; son champ d'action est non seulement les ouvriers, mais toute personne victime d'un accident. L'article premier est relatif aux accidents causés par l'exploitation des voies ferrées. Il est ainsi conçu : « Lorsque dans une exploitation de chemins de fer, un homme est tué ou blessé, l'entrepreneur de l'exploitation est tenu de réparer le préjudice qui en résulte, s'il ne prouve pas que l'accident a été causé par la force majeure ou par la propre faute de la personne tuée ou blessée » (1).

Ainsi donc l'entrepreneur est présumé en faute, mais seulement parce qu'il est entrepreneur de chemins de fer.

Art. 2. « Celui qui exploite une mine, une carrière ou une fabrique, doit, lorsque son mandataire, son représentant, une personne chargée par lui de surveiller ou de diriger l'exploitation, ou un de ses ouvriers cause, par sa faute, dans les fonctions auxquelles il est employé, la mort ou la blessure d'un individu, payer la réparation du préjudice causé. »

Dans ces cas, la faute n'est plus présumée. La situation de l'entrepreneur de chemins de fer est donc de beaucoup la moins favorable, car il a la charge de

____

(1) C'est la reproduction d'une loi du 3 nov. 1833 sur les chemins de fer.

prouver qu'il n'était pas en faute, et il est également présumé en faute lorsque l'accident provient de la faute d'un de ses préposés.

Quel est le motif de la différence ainsi établie par les art. 1 et 2 ? On a pensé que l'industrie des chemins de fer n'était point assez dangereuse par elle-même pour que la vigilance ne permît d'éviter les accidents.

Dans l'art. 3 sont déterminés les dommages-intérêts à payer à la victime. On distingue en cas de mort ou de simple incapacité de travail. Dans le premier cas, les dommages-intérêts comprennent : 1° les frais occasionnés par les soins donnés au blessé ; 2° les frais d'enterrement ; 3° la réparation du préjudice pécuniaire souffert par le mort durant sa maladie, par suite de son incapacité de travail totale ou partielle (1). S'il n'y a eu que blessure, le patron doit : 1° les dépenses de maladie ; 2° la réparation du préjudice résultant de l'incapacité de travail.

Quant à cette responsabilité, l'art. 5 la déclare d'ordre public. Elle ne peut être supprimée ou même réduite.

Dans les industries visées par l'art. 2, la situation de l'ouvrier allemand était semblable à celle de l'ouvrier français. M. de Bismarck reconnut que l'obligation imposée à l'ouvrier de prouver la faute du patron

(1) Si, au moment de sa mort, la victime était tenue d'une obligation alimentaire légale, le créancier de la dette alimentaire peut réclamer une indemnité si la mort du débiteur lui a fait perdre sa pension.

pesait trop lourdement sur lui. Cette preuve lui était
impossible à faire en raison de la difficulté des con-
statations matérielles dans des locaux bouleversés par
le sinistre, et de la mort de presque tous les témoins.
Le chancelier, dans l'exposé des motifs de la loi du
6 juillet 1884, invoque aussi la position sociale de
l'ouvrier. D'un autre côté, il était bien difficile d'imposer aux chefs d'industrie la charge de la preuve,
comme cela existait dans l'art. 1ᵉʳ de la loi de 1871 ;
car, outre que c'eût été violer les principes du droit et
de la liberté individuelle, c'était imposer au patron un
risque trop lourd, en fait, la charge de tous les acci_
dents. Le chancelier s'arrêta à un moyen terme, l'assu--
rance obligatoire, au moyen de primes payées par tiers
par les ouvriers, les patrons et l'État. Pour les deux
premiers, c'était une transaction acceptable, puisque
l'État les aidait. Pour le dernier, l'avantage était dans
la paix sociale établie. Un projet dans ce sens fut présenté au Reichstag le 8 mars 1881. Il mettait la caisse
des assurances aux mains de l'administration impériale, permettant l'assurance mutuelle, mais excluant
l'intervention des compagnies privées. L'assurance
était obligatoire. Le projet fut voté par le Reichstag,
qui substitua à l'Empire les divers États confédérés ;
mais il échoua devant le Conseil fédéral.

Un deuxième projet fut élaboré, plus vaste, ajoutant
à l'assurance contre les accidents l'assurance contre
les maladies. Il y avait deux caisses distinctes pour les

accidents et les maladies. La deuxième était alimentée
par les ouvriers et les patrons pour un tiers; la première, par l'Empire et par les patrons. En cas d'accident, l'ouvrier ne contribuait qu'indirectement à l'indemnité, en ce que pendant les treize premières
semaines de la maladie, il était soigné par la caisse des
maladies. Ces caisses n'étaient plus aux mains de
l'Empire, mais d'associations régionales de patrons.
Ce projet n'aboutit encore point en ce qui concernait
les accidents. On discuta le principe de la contribution
de l'Empire, le système régional qui groupait des industries différentes, et séparait les diverses usines d'une
même entreprise lorsqu'elles étaient situées dans des
régions différentes. On détacha de l'ensemble du projet la partie sur l'assurance contre les maladies qui fut
votée le 15 juin 1883 (1).

Il fallut élaborer un troisième projet. La contribution pécuniaire de l'État fut supprimée, et le système
des associations professionnelles modifié. On avait
tenu compte des vœux du Reichstag. Ce projet devint
la loi du 6 juillet 1884 (2). La loi comprend neuf sections et cent onze articles.

SECTIONS I et II. — L'assurance est obligatoire pour
tous les patrons qui emploient des *ouvriers* dans les
mines, salines, établissements où l'on traite les mine-

(1) *Annuaire de lég. étr.*, 1883, p. 119.
(2) *Annuaire de lég. étr.*, 1884, p. 121.

rais, carrières, lieux d'extraction, chantiers, bâtisses, fabriques et établissements où on travaille les métaux. Ils doivent aussi assurer les *employés industriels* de ces mêmes établissements lorsque leur rémunération annuelle ne dépasse pas 2,000 marks. Par *fabriques*, on entend les établissements dans lesquels on se livre à la fabrication ou au façonnage de certains objets où sont occupés régulièrement au moins dix ouvriers, ainsi que les établissements où on fabrique industriellement des matières explosibles. Le soin de les déterminer est, du reste, laissé à l'administration impériale des assurances.

Les patrons se groupent en associations professionnelles formées librement, sauf approbation du Conseil fédéral. Le groupement est facultatif, et peut avoir lieu sur tout l'Empire. L'association se réglemente elle-même, sauf approbation de l'administration impériale des assurances. Les associations peuvent s'unir et même fusionner. A défaut d'entente, le Conseil fédéral les constitue d'autorité. Une seule chose est donc obligatoire : l'assurance.

Ces associations sont des sociétés d'assurance mutuelle de patrons; car aucune retenue n'est faite sur le salaire des ouvriers. Ceux-ci ne contribuent que par la charge de la maladie qui, pendant les treize premières semaines, est supportée par la caisse d'assurances contre les maladies (L. 1883). Encore cela n'est-il que si la victime est assurée à la caisse des maladies ; sinon, la caisse des accidents supporte tout.

Le versement des patrons est proportionné aux salaires des ouvriers dans leurs établissements respectifs.

SECTION III. — Dès qu'une association est formée, tout entrepreneur établi dans la circonscription peut y demander son inscription. En cas de refus l'administration impériale statue et impose l'admission du postulant à l'association dont son genre d'industrie le rapproche le plus. En cas de transformation de l'industrie l'association peut demander que l'entrepreneur soit inscrit dans un autre groupe.

SECTIONS IV, V. — Les contestations sont réglées par un tribunal arbitral composé d'un président nommé par l'État de la circonscription et de quatre assesseurs élus, moitié par l'association des patrons et moitié par les représentants des ouvriers assurés (1).

SECTION VI. — Lorsque l'accident se produit le patron avertit la police locale qui ouvre une enquête. La direction de l'association liquide la pension, mais l'ouvrier peut en appeler à la juridiction arbitrale et de là à l'administration impériale des assurances (2). L'in-

_____

(1) Par les directeurs des caisses de malades et les représentants des corporations.

(2) Dans certains il y a encore un recours possible au Conseil fédéral.

demnité liquidée est versée à l'administration des postes chargé d'effectuer les payements.

SECTION VII. — Les associations prescrivent aux patrons les mesures propres à éviter les accidents, en surveillant l'exécution et au besoin infligent des amendes.

SECTION VIII. — L'administration impériale des assurances se compose de onze membres dont : trois sont nommés à vie par l'empereur sur la proposition du Conseil fédéral, quatre par ce Conseil et choisis dans son sein, deux par les directions des associations, deux par les représentants des ouvriers.

Chacun des États confédérés peut établir sur son territoire une administration nationale des assurances, qui a, sur les associations restreintes à son territoire, la même compétence que l'administration impériale.

SECTION IX. — Comme conséquence de toutes ces dispositions il fallait bien décharger le patron de toute responsabilité spéciale. L'ouvrier n'a d'action contre lui qu'en établissant l'intention coupable, qu'en le poursuivant devant les tribunaux répressifs. Il obtient alors tous dommages-intérêts et les caisses sont remboursées des sommes versées par elles.

Aucune convention ne peut modifier la responsabilité édictée par cette loi.

Quant au montant de la rente viagère, il est en cas d'incapacité de travail de 66 2/3 pour 100 du salaire. Si l'incapacité n'est que relative, la rente subit une réduction proportionnelle à la capacité restante (1). En cas de mort une indemnité de 20 pour 100 en moyenne est donnée aux enfants, ascendants besogneux, veuve non remariée.

Les associations ont la personnalité civile.

On pouvait faire plusieurs reproches à cette loi. Le premier était qu'il faisait des distinctions arbitraires entre les différents ouvriers. On tâcha d'y remédier, et une loi du 28 mai 1885 étendit la loi de 1884 à tous les employés des administrations, de l'industrie et du commerce. Il en restait encore d'autres! La loi du 5 mai 1886 étend la loi de 1884 à tous les employés des administrations agricoles et forestières. Sera-ce suffisant?

Ce qui est beaucoup plus grave c'est que la liberté du commerce et de l'industrie reçoit par le socialisme d'État une grave atteinte (2). Les patrons ont de lourdes charges qui peuvent les placer dans un état d'infériorité marquée vis-à-vis des industries étrangères. C'est enfin une pente glissante : pour résoudre la question sociale il faut assurer l'ouvrier contre un accident d'une tout autre nature, le *chômage*. Le socialisme doit le faire, et cela sans la participation de l'ouvrier. On peut douter qu'il y arrive.

(1) Evidemment l'accident causé volontairement par la victime ne donne lieu à aucune indemnité.

(2) Ces lois ont été imposées par M. de Bismarck malgré une résistance des patrons des plus vives.

M. de Bismarck a voulu prendre aux socialistes leurs propres armes, mais les socialistes n'ont point désarmé. Encore sa main puissante peut-elle les contenir, mais par malheur, dirons-nous avec M. Arthur Desjardins, le chancelier, même quand il ne fait que des lois sur les assurances, exerce sur beaucoup d'esprits une séduction irrésistible, et la plupart des hommes d'Etat ne demandent qu'à s'élancer sur ses traces.

§ 4. *Autriche. Hongrie.*

AUTRICHE

Le droit commun fait à l'ouvrier une situation peu enviable. Le patron n'est responsable que de sa faute personnelle et non de celle de ses préposés.

Aussi, un projet fut déposé en 1881, contenant une disposition analogue à celle de notre art. 1384 et instituant une juridiction arbitrale. Il n'a pas été adopté.

En 1883 une loi obligea les patrons, dont les usines se trouvaient dans la circonscription d'une corporation, à entrer dans la corporation et à verser dans sa caisse une somme proportionnée au nombre de compagnons employés par lui. Les corporations nombreuses en Autriche, comme dans tous les pays allemands, n'ont

plus le monopole du travail, elles ont pour but de secourir les compagnons malades.

En 1886 un projet de loi inspiré par la législation
allemande fut adopté par la Chambre. Il comprenait
deux projets, l'un concernant l'assurance contre les
accidents, l'autre l'assurance contre les maladies. Le
premier seul put venir en discussion.

Le projet adopté (1), malgré les efforts de toute une
partie de la Chambre, n'était relatif qu'aux accidents
arrivés à des ouvriers employés dans des ateliers où se
trouvaient des machines à vapeur ou des engrenages.
Il donnait aux ouvriers une rente variant de 50 à 60
p. 100 de leur salaire. L'assurance est obligatoire et
en principe a lieu par l'intermédiaire de l'Etat.

C'est l'Etat qui classe les industries et les réunit en
groupes selon la nature des risques à courir. Les
primes sont payées par les patrons et les ouvriers :
90 p. 100 pour les premiers, 10 p. 100 pour les
seconds.

Les caisses sont administrées par des délégués nommés par tiers par les patrons, les ouvriers, l'Etat.

(1) V. *Bull. de la Soc. de lég. comparée*, 1887, p. 196, ré-
sumé de M. Lyon-Caen.

HONGRIE

(L. 21 mai 1854) (1)

Cette loi oblige le patron à prendre les mesures propres à éviter les accidents, sous la surveillance d'inspecteurs du gouvernement. Elle les contraint aussi à un versement à la caisse de secours de la corporation. Cette caisse est alimentée par un prélèvement de 3 p. 100 sur le salaire des ouvriers et le versement des patrons qui est de 1 p. 100 de ce même salaire.

§ 5. *Suisse.*

(Lois 1er juillet 1875, 23 mars 1877, 25 juin 1881.)

L'assurance obligatoire est inconnue en Suisse. La législation fédérale a procédé autrement. En cas d'accident elle rend le patron responsable jusqu'à preuve du cas fortuit ou de la faute de l'ouvrier.

C'est ce qu'a fait la loi de 1875, imitée de la loi allemande de 1871 et applicable aux seuls entrepreneurs

(1) *Ann. lég. ét.*, 1884, p. 329.

de chemins de fer et de bateaux à vapeur. En cas d'accident à cause inconnue, le patron est responsable et il devra payer des dommages-intérêts réparant tout le préjudice causé (1).

En 1877, une loi fédérale applique aux manufacturiers même, le principe que vient ensuite développer la loi de 1881. Ils doivent prouver la faute ou le cas fortuit qui les libèrent. En cas de faute commune la responsabilité est partagée. L'indemnité est fixée par le juge, mais, comme dans la loi anglaise, il est arrêté par un maximum fixé à six fois le montant du salaire annuel de l'employé et en tous cas à 6,000 francs, non compris les frais de traitement médical, entretien et inhumation (2).

Cependant si l'accident est dû à une intention coupable du patron, établie par une action pénale, la réparation de tout le préjudice est due.

Le patron a la faculté de se décharger de la moitié de sa responsabilité en payant la moitié des primes d'une assurance due à l'ouvrier (3).

(1) V. *Ann. lég. étr.*, 1875, p. 739 et suiv. — Dans la loi de 1881, au contraire, la responsabilité du patron est limitée. — V. *infra*.

(2) Des lois cantonales ont étendu à d'autres métiers la présomption de faute de la loi de 1877. — V. L. cant. de Genève, 26 juin 1878 sur les entreprises de chantiers (*Ann. législ. étr.* 1878), p. 588.

(3) La loi de 1881 ne s'applique qu'aux industries s'exerçant dans des *locaux fermés.*

§ 6. *Italie.*

(Loi du 8 juillet 1883.)

L'Italie nous a montré qu'en dehors des institutions socialistes il était possible de venir en aide aux travailleurs.

Le législateur a simplement approuvé une convention passée le 8 février 1883, entre le ministre du commerce et les caisses d'épargne de Milan, de Turin, de Bologne, de Rome, de Venise, de Cagliari, le « monte du Paschi » à Sienne, le mont-de-piété et la caisse d'épargne de Gênes, la banque de Naples, la banque de Sicile pour fonder « une caisse nationale en vue d'assurer les ouvriers contre les accidents auxquels ils sont exposés dans leurs travaux. »

Ces diverses sociétés ont souscrit un fonds de garantie de 1,475,000 francs. Quant au fonds de la caisse nationale il est composé des primes d'assurance, du revenu des capitaux employés, des legs, dons, etc.

L'assurance est facultative. « *Peuvent* être assurés, dit l'art. 8 de la convention, toutes personnes résidant dans le royaume, ayant atteint l'âge de dix ans, qui se livrent à des travaux manuels ou qui donnent leurs services à la tâche ou à la journée. »

L'assurance est individuelle ou collective. Elle peut être faite, soit par les patrons seuls, soit par les patrons et les ouvriers, soit par les ouvriers seuls réunis en syndicat.

L'indemnité est due en cas de mort, d'incapacité de travail absolue et permanente, d'incapacité permanente partielle, d'incapacité temporaire qui dépasse un mois. — Elle est liquidée en capital.

La caisse constitue une personne morale et est administrée par le comité exécutif de la caisse d'épargne de Milan. Un conseil supérieur composé des représentants des différents établissements signataires traite les questions générales. Les tarifs eux-mêmes ne sont pas réglés par le gouvernement, qui n'a qu'un droit de contrôle, d'approbation. Ces tarifs doivent être revus tous les cinq ans.

Pour le recouvrement des primes et le payement des indemnités, la caisse est autorisée à se servir gratuitement des caisses d'épargne postales. Les libéralités qui lui sont faites sont exemptes de tout droit, les actes qu'elle passe, les modifications de statuts sont affranchis des droits de timbre et d'enregistrement.

Il y a là un exemple à suivre.

CHAPITRE IV

PROJETS FRANÇAIS

Il eût été à désirer que le législateur français imitât
les Chambres italiennes, qu'il cherchât à secourir l'ouvrier en respectant la liberté. Tout le monde sans
doute y gagnerait, les patrons et les ouvriers. Les premiers en ne voyant pas arbitrairement augmenter les
frais généraux d'industries dont l'existence est déjà
difficile, les seconds en voyant les patrons intéressés
à prendre des mesures contre les accidents. Là où
règne l'assurance obligatoire, l'entrepreneur a perdu
tout souci du bien-être et de la sécurité de l'ouvrier;
il se borne au strict nécessaire, à l'exécution des
règlements. C'est un effet déjà constaté des lois socialistes (1).

Au contraire, les Chambres semblent marquer une
tendance à nous doter d'une loi empruntée aux pre-

(1) V. Hubert-Valleroux, *Revue catholique des institutions et
du droit*, 1883, p. 404. — Lavollée, *Les classes ouvrières*, II,
p. 36.

miers projets allemands. C'est d'autant plus regretta-
ble que l'assurance libre a déjà fait de grands progrès
dans notre pays et qu'on pouvait espérer qu'elle suffirait à porter remède à la situation (1).

Le premier projet de loi déposé est dû à M. Martin
Nadaud (1881) (2). Ce projet contenait deux articles et avait pour but d'imposer à tout employeur la
charge de la preuve du cas fortuit ou de la faute de la
victime, en cas d'accident arrivé à celui dont il emploie
les services. L'action devait être intentée par le preneur devant le conseil de prud'hommes, ou à son défaut le juge de paix, et l'appel porté devant la Cour
statuant comme en matière sommaire. — Nous savons
ce qu'il faut penser de ce renversement de la preuve.

M. Peulevey, le premier, réclama l'assurance obligatoire avec l'intervention de l'État. Il demanda que
tout ouvrier fût tenu de verser dans le Trésor public,
une somme de deux francs par an, moyennant quoi il
aurait droit, en cas d'accident, et sauf faute grave de
sa part (que l'État devait prouver), à une indemnité
pouvant s'élever jusqu'à 800 francs de rente annuelle (3).

(1) Notamment en ce qui concerne l'industrie minière. —
Des preuves éclatantes de philanthropie ont été données par
les grandes sociétés industrielles françaises, notamment par
la société des mines d'Anzin.
(2) Il en déposa jusqu'à trois. — V. *J. O.*, 1881, annex.,
p. 1599. — Rapport de M. Girard, 1882, annex., p. 1008.
(3) 14 janvier 1882, *J. O.*, Doc., 1882, p, 144.

M. Félix Faure, au contraire (1), mit l'indemnité à
la charge du patron, seulement il lui permit de se
faire garantir par l'État moyennant un versement minime : « La faute de l'ouvrier, dit-il, ne supprime pas
la responsabilité du patron ; on doit protéger l'ouvrier
contre sa propre imprudence, car la répétition d'un
travail dangereux l'habitue à négliger les précautions
nécessaires. Le patron doit le protéger contre lui-
même. » A cette occasion, M. Peulevey posait cette
question : « L'ouvrier, ivre ou non, imprudent ou maladroit, est victime d'un accident, suis-je responsable ? » Des membres de la Chambre lui répondirent :
« Oui, parfaitement ! » C'est la lutte du capital et du
travail, ou plutôt l'attaque de ce dernier. La proposition de M. Faure est conçue d'une façon qui
choque au premier abord, cependant elle n'aboutit
guère qu'à rendre l'assurance par le patron obligatoire, en donnant même à ce dernier un moyen de se
garantir. Ce qui est inadmissible surtout, c'est qu'elle
ne permette point de prouver la faute de l'ouvrier.
C'est confondre la question des risques et celle de la
responsabilité.

En 1882 (7 mars), M. Maret dépose un projet ten-
dant à simplifier la procédure, mais qui crée pour
cela une juridiction d'exception, un jury dont on peut
discuter les connaissances spéciales dans une matière

____

(1) 11 févr. 1882. *J. O.*, Doc., 1832, p. 357.

aussi délicate que celle de la responsabilité. Mais il a l'avantage de ne point bouleverser les règles du droit (1).

En 1883, M. Peulevey dépose un nouveau projet qui distingue entre la faute lourde et la faute légère du patron. Ce dernier est responsable dans le premier cas ; dans le second, il y a cas fortuit et l'indemnité est payée par une caisse d'assurances contre les accidents.

Tous ces projets n'ont pas abouti. Après une longue discussion en mars 1883 et octobre 1884 (2), la Chambre des députés avait adopté en première lecture une proposition de loi devenue caduque, parce qu'elle n'a pas reçu la consécration d'une seconde délibération, avant l'expiration des pouvoirs de la Chambre : « Dans les usines, manufactures, fabriques, chantiers, mines et carrières, entreprises de transport, et, en outre, dans les autres exploitations de tout genre où il est fait usage d'un outillage à moteur mécanique, le chef de l'entreprise est présumé responsable des accidents survenus dans le travail à ses ouvriers et préposés. » De plus, il était responsable de tout accident résultant du risque professionnel. Au fond c'est encore l'assurance indirectement obligatoire, mais il y a cet avantage sur le projet de M. Faure que l'ouvrier supporte les conséquences de sa faute prouvée.

(1) *J. O.*, 1882, ann., n° 564, p. 751.
(2) *J. O.* des 4, 9 et 11 mars, des 21, 22, 24 octobre.

Le gouvernement, du reste, n'avait point adhéré aux
articles votés par la Chambre. Le 4 novembre 1884,
il nomma une commission extra-parlementaire qui,
sous la présidence de M. Tolain, devait examiner la
question. — Le travail de la commission avait abouti à
un projet de loi présumant la responsabilité du patron
et déclarant l'assurance obligatoire au moyen de primes payées à la fois par le patron et l'ouvrier.

Ce projet ne vint pas en discussion, ni celui qu'en
tira le 24 mars 1885, M. Rouvier.

Enfin, après un nouveau changement de ministère,
M. Lockroy reprit le projet de la commission.

Il se divise en deux titres et douze articles. L'article 1er dispose que « dans les usines, manufactures,
fabriques, chantiers, mines et carrières, entreprises
de transport, etc., en outre dans les autres exploitations de tout genre, où il est fait usage d'un outillage à
moteur mécanique, le chef de l'entreprise est *présumé
responsable* des accidents survenus dans le contrat de
travail à ses ouvriers et préposés ». Le patron peut
faire la preuve contraire, et sa responsabilité cesse.

Le projet s'applique donc à toutes les exploitations,
même agricoles.

L'art. 2 simplifie la procédure en décidant que
les demandes d'indemnité seront jugées au moyen de
la procédure sommaire.

Le titre II est consacré au risque professionnel et à
l'assurance obligatoire.

12.

Le *risque professionnel* a lieu dans les industries où
« à raison des moteurs, des matières employées ou fa-
briquées , l'ouvrier est exposé à un accident dans
l'exécution de son travail ». Ces industries sont à déterminer par un règlement rendu en la forme des règlements d'administration publique.

Dans ces industries, l'assurance est *obligatoire* pour
le patron sous peine d'amende, mais le patron peut
exiger que l'ouvrier paie la moitié de la prime.

L'assurance peut avoir lieu à une compagnie privée
ou à la caisse fondée par la loi du 11 juillet 1868.

Par l'assurance, l'ouvrier doit obtenir une somme
dont le minimum est fixé par la loi.

L'assurance n'est relative qu'au risque professionnel : l'ouvrier peut, s'il le préfère, agir contre le patron
pour obtenir réparation complète du préjudice causé
dans les cas où il impute l'accident à une faute du patron, en se fondant sur les art. 1382 et suivants du Code
civil; 319, 320 du Code pénal. Le patron devra faire la
preuve contraire. L'ouvrier aura donc deux actions à
son choix et même cumulables, mais il est bien évident
que « l'indemnité, en raison du risque professionnel,
s'imputera sur le montant des dommages-intérêts auxquels pourra être condamné le patron » (art. 9).

L'ouvrier aura un privilège sur la créance du patron
contre la compagnie assureur.

Toute convention contraire à ces dispositions est
nulle de plein droit.

Ce projet, le plus important qui ait été proposé, a le tort de présumer la faute du patron. On peut imposer à ce dernier toutes les mesures préventives pratiques et nécessaires, mais il ne convient pas de le présumer en faute. Pour qu'il se libère et établisse le risque professionnel ou la faute de l'ouvrier, le patron devra faire une preuve trop souvent impossible. On lui impose en outre la charge du risque professionnel, au moins ne le fait-on pas complètement. Parmi tous les projets qui cherchent à résoudre la question des accidents aux dépens des patrons, il faut s'estimer heureux quand on en rencontre qui excitent l'ouvrier à l'épargne, l'obligent à s'assurer lui-même au moins en partie (1).

(1) Nous n'avons point parlé du projet de M. Delacroix (v. *Revue de législ. des mines*, 1887, n°ˢ avril, mai, juin) dont le projet Lockroy reproduit en somme les grandes lignes, car le risque professionnel ne sera en pratique que l'accident à cause inconnue. Si la cause de l'accident est inconnue, dit M. Delacroix, le risque doit être supporté par moitié par le patron et l'ouvrier. En fait, disons qu'ils devront payer par moitié la prime d'assurance du risque professionnel. On peut lui faire ce reproche de M. Glasson, qui s'applique au projet Lockroy, qu'il a le tort de rappeler le jugement de Salomon qui n'est pas l'idéal de la justice (*loc. cit.*, p. 35). — La Chambre des députés discute en ce moment un projet de M. Brousse spécial à l'industrie minière. En première lecture elle a adopté une disposition rendant obligatoire une assurance dont les primes seraient payées à la fois par le patron, l'ouvrier et l'Etat. (V. *J. O.*, mars 1888.)

POSITIONS

PRISES DANS LA THÈSE

DROIT ROMAIN

I. L'opinion d'après laquelle certaines professions dites libérales sont exclues du louage à raison de leur caractère même ne doit pas être admise.

II. Pour qu'il y ait louage d'industrie, à Rome, il faut que le travail de l'artisan porte sur une *substantia* fournie par le bailleur.

III. Dans le louage d'industrie le risque pèse sur le *locator*.

DROIT FRANÇAIS

I. La responsabilité du patron en cas d'accident a sa source dans une faute contractuelle et non dans les articles 1382 et suivants du Code civil.

II. C'est à l'ouvrier de prouver que les mesures nécessaires pour éviter les accidents n'ont pas été prises.

III. La convention par laquelle le patron s'exonère à cette occasion et par avance des conséquences de sa faute légère n'est point contraire à l'ordre public.

IV. Lorsque le louage de services est fait pour une durée indéterminée chaque partie peut donner congé à l'autre, sans observer aucun délai et sans s'exposer à des dommages-intérêts, pourvu qu'elle ne viole aucun usage.

POSITIONS PRISES EN DEHORS DE LA THÈSE

DROIT ROMAIN

I. Il n'y a pas *plus petitio tempore* de la part du demandeur à agir avant l'arrivée de la condition.

II. Lorsqu'un dommage n'est point causé *corpori*, l'action *in factum* accordée à la victime n'est point une action fondée sur la loi *Aquilia*, mais une action subsidiaire de l'action de dol.

III. La responsabilité de la faute contractuelle n'exclut pas celle de la faute aquilienne.

IV. L'ordre du juge dans les actions arbitraires est susceptible d'exécution forcée.

V. La *petitio hereditatis* n'est pas une action de bonne foi.

DROIT FRANÇAIS

I. En cas d'accident arrivé à un voyageur, qu'il transporte, le voiturier n'est responsable qu'autant que sa faute a été prouvée.

II. La reconnaissance faite pendant le mariage par l'un des époux, au profit d'un enfant naturel qu'il aurait eu avant son mariage d'un autre que de son époux, empêche l'enfant reconnu de recevoir un legs au détriment des droits *ab intestat* de ce conjoint dans la succession de l'auteur de la reconnaissance.

III. La femme séparée de biens peut aliéner pour toute cause son mobilier à titre onéreux.

IV. La conversion du jugement de séparation de corps en jugement de divorce peut avoir pour effet de modifier ou de supprimer les dispositions ou condamnations contenues dans le jugement de séparation, tant en ce qui touche à la garde des enfants qu'en ce qui regarde les services alimentaires.

V. La possession d'état ne fait point preuve de la filiation naturelle.

DROIT ADMINISTRATIF

I. Le concessionnaire à perpétuité d'un terrain dans un cimetière jouit d'un droit de propriété (*sui generis*).

II. Le gouvernement ne peut établir un octroi dans une commune contre le vœu du conseil municipal.

PROCÉDURE

Il est permis de former une demande civile et principale en faux.

DROIT DES GENS

L'attentat à la vie d'un souverain, même pour cause politique, est un crime de droit commun à raison duquel l'extradition doit être accordée.

Vu par le Président de la thèse,
GLASSON.

Vu par le Doyen de la Faculté,
COLMET DE SANTERRE.

Vu et permis d'imprimer,
Le Vice-Recteur de l'Académie de Paris,
GRÉARD.

TABLE DES MATIÈRES

DROIT ROMAIN

DROIT FRANÇAIS